OROINÁ
A DIVINA MÃE ÍGNEA

LURDES DE CAMPOS VIEIRA

OROINÁ

A DIVINA MÃE ÍGNEA

Editor:
Wagner Veneziani Costa (*in memoriam*)

Produção e Capa:
Equipe Técnica Madras

Ilustrações:
Antônio Diniz

Revisão:
Ana Paula Luccisano
Neuza Rosa

Dados Internacionais de Catalogação na Publicação (CIP)
(Câmara Brasileira do Livro, SP, Brasil)

Vieira, Lurdes de Campos
Oroiná : a divina mãe Ígnea / Lurdes de Campos
Vieira. -- São Paulo : Madras Editora, 2024.

Bibliografia.

ISBN 978-65-5620-081-1

1. Religiões afro-brasileiras 2. Umbanda (Culto)
I. Título.

24-211750 CDD-299.60981

Índices para catálogo sistemático:

1. Umbanda : Religião afro-brasileiras 299.60981
Tábata Alves da Silva - Bibliotecária - CRB-8/9253

MADRAS EDITORA LTDA.
Rua Paulo Gonçalves, 88 — Santana
CEP: 02403-020 — São Paulo/SP
Tel.: (11) 2281-5555 - (11) 98128-7754
www.madras.com.br

Índice

Prefácio

As constantes mudanças de humor e as reações desproporcionais a imprevistos e acontecimentos negativos do dia a dia são uma expressão da vida caótica que levamos, em meio a tantas intempéries. Se não refletirmos e buscarmos ajuda, especialmente espiritual, perderemos sistematicamente o controle, a ponto de não termos mais paz interior, e as consequências serão imprevisíveis.

Em seu décimo segundo livro, *Oroiná: a Divina Mãe Ígnea*, a escritora, Mãe Lurdes de Campos Vieira, contextualiza essa ajuda espiritual por meio de Oroiná, uma divindade pouco conhecida dos umbandistas, denominada "Orixá do Fogo Purificador" e que consome todo desequilíbrio emocional que esteja atuante em alguém ou em algum local.

Para que ocorra esse desequilíbrio, basta que a irracionalidade se apodere do nosso ser. O fogo divino purificador da Orixá Oroiná consumirá todo esse excesso negativo e nos trará perfeito equilíbrio, se a ela clamarmos de alguma forma.

A preocupação da escritora é justificada pela sempre presente observação dos fatos que nos permeiam e de como sua literatura pode ajudar as pessoas. Geralmente, sua inspiração é trazida pelo vasto panteão da Umbanda Sagrada, principal fonte de sua literatura.

Mãe Lurdes sublinha em seus ensinamentos e palestras que, para os fenômenos da espiritualidade, tudo tem uma explicação quando se entendem os ensinamentos umbandistas. Assim, tudo se torna mais simples de ser compreendido.

Discípula de Pai Rubens Saraceni, mãe Lurdes procura escrever, de maneira simples e didática, sobre as divindades da Umbanda e seus nomes em outras religiões, como também outras formas de cultura.

O modo como buscou levar os conhecimentos sobre essa Orixá expressa não apenas o entendimento quanto ao aspecto histórico, como também, e principalmente, a compreensão de que, para purificar seu coração de mágoas e sentimentos negativos, Oroiná poderá ajudá-lo a se libertar e ter uma nova vida, livre de amarras e opressões da existência cotidiana.

Regente cósmica do Fogo e da Justiça Divina, a racionalidade é uma característica muito marcante da Orixá, de forma que não se comove por sentimentos. Mãe Lurdes explica que, ao purificar os excessos emocionais de seres desequilibrados, a sintonia com o Cosmos acontece de maneira natural. Porém, Oroiná age quando julga que alguém é merecedor dessa purificação.

No âmbito da questão, a espiritualista ilustra neste livro tudo o que o leitor precisa saber sobre a Orixá, como também suas correlações com divindades de outras culturas, especialmente do Hinduísmo. Mais do que apreciar o conteúdo deste novo trabalho de Mãe Lurdes, trata-se de se preparar para uma viagem de sensações e elementos inerentes a Oroiná. E o resultado surpreende pela conclusão de que Oroiná: a Divina Mãe Ígnea pode ser um verdadeiro bálsamo nos momentos de dificuldade.

Celso Lopes
Jornalista

I – Considerações Iniciais

O fogo é a energia vital que dá entusiasmo, alegria e vontade de viver, que dá luz e calor ao mundo.

(Rubens Saraceni)

Oroiná é a Divindade Feminina do Fogo, a Mãe Ígnea, que, apesar de ser uma divindade bastante cultuada em algumas religiões e culturas, é quase desconhecida e pouco cultuada na Umbanda.

Uma Divindade é um ser gerado em Deus, qualificado por Ele em uma de Suas qualidades, amadurecido em Seu interior, divinizado dentro Dele e exteriorizado por Ele, já como um ser gerador e irradiador natural da qualidade divina que o distingue e o torna o que é em si – uma divindade de Deus e um mistério em si mesmo.[1]

---

1. SARACENI, Rubens. *As Sete Linhas de Umbanda: a Religião dos Mistérios*. São Paulo: Madras Editora, 2023.

Acredito na Umbanda Sagrada e nas psicografias de Pai Rubens Saraceni, o sacerdote que me iniciou na Ciência Divina e na Umbanda Sagrada, meu pai espiritual, a quem eu reverencio. Espero seguir honrando e divulgando o seu legado.

Olorum é o nosso Divino Criador, e criou tudo que nos cerca e se mostra aos nossos olhos na grandeza infinita da Sua criação. Ele criou a Divindade Feminina da Sua Justiça, Mãe Oroiná, que, juntamente a Pai Xangô, rege a Linha da Justiça, na qual ela atua com seu fogo, purificando vícios e desequilíbrios, fluindo a Justiça a toda a criação divina; já ele aplica a Justiça com equilíbrio, razão, juízo, sensatez e equidade.

Não pretendo ficar aqui discutindo panteões, divindades e sua existência. Só quero lembrar que as entidades aceitaram todos os panteões umbandistas anteriores e se manifestavam, **quando devidamente invocadas**.

Por meio de lendas e mitos, os Orixás têm sido excessivamente humanizados, apresentando características incompatíveis com Divindades de Deus. A Ciência Divina, trazida por Pai Benedito de Aruanda, pela psicografia de Pai Rubens Saraceni, teve por finalidade fazer o caminho inverso. Ou seja, apresentar os mistérios dos sagrados Orixás de forma científica, decifrando-os e explicando-os por intermédio de suas qualidades divinas, conduzindo-os aos seus devidos lugares de Divindades de Olorum.

Esse mentor, dentre outros, mostrou racionalmente as Sete Linhas de Umbanda por meio da ciência divina, desmistificando e fundamentando a Umbanda como uma religião legítima brasileira, que possui seus próprios fundamentos e suas próprias hierarquias divinas sustentadoras.

Oroiná, nos sentidos, é associada à Justiça; nos elementos, ao fogo; nos padrões energéticos, à energia ígnea.

"Um mesmo elemento possui dois polos, duas naturezas, duas formas de nos alcançar, de nos estimular ou de nos paralisar, de acelerar ou paralisar nossa evolução, de estimular nossa fé ou de esgotar nossos emocionais desequilibrados."[2]

Xangô é o fogo da fé, o polo masculino passivo e irradiante que ilumina o ser. É o raio dourado, a chama que aquece. Oroiná é o fogo das paixões humanas, o polo feminino; é ativa e cósmica, atratora, o raio rubro, o braseiro que queima.

Oroiná é o aspecto punitivo da Lei, evocada para purificar os seres viciados, as magias negras, as injustiças, pois seu fogo consome as energias dos seres desequilibrados, fanatizados, anulando seus vícios emocionais e desequilíbrios mentais.

Nos chacras, Mãe Oroiná é associada ao chacra solar; nos sentimentos, à rigidez, ao rigor, à combatividade, à inflexibilidade, ao senso de justiça, ao equilíbrio e à purificação. Manifesta-se e vibra nos músculos, é cultuada em montanhas, pedreiras e caminhos.

As cores de Oroiná são o laranja, o vermelho e o dourado, cores das velas que lhe devem ser oferecidas. Suas pedras minerais são o topázio dourado, a ágata de fogo e a calcita laranja; seu minério é a magnetita.

Suas flores são a begônia, o girassol, flores do campo e flores vermelhas em geral. Suas ervas são: alecrim, alfavaca, raiz de açafrão, arruda, agrião, casca de laranja amarga, canela, buchinha-do-norte, manjericão roxo, semente de guaraná, folhas de limão, de cânfora e de cenoura. Recebe também como oferenda o licor de menta.

---

2. SARACENI, Rubens. *Código de Umbanda*. São Paulo: Madras Editora, 2023.

Os elementos indicados anteriormente podem ser utilizados na elaboração de suas oferendas e pedidos, que são recebidos nas montanhas e nas pedreiras, seus pontos de força. Em todos os aspectos do Criador, da Criação e das criaturas, existem dois polos magnéticos. Essa polaridade pode ser irradiante ou concentradora, expansionista ou contracionista, expansiva ou isolante, universal ou cósmica, passiva ou ativa, positiva ou negativa, masculina ou feminina, e assim por diante.

Divindades não são andróginas. Mãe Oroiná é o fator feminino na onda geradora ígnea, e Xangô é o fator masculino.

II – Cosmogonia Umbandista

Cada um dos Divinos Orixás é uma das partes de Olorum, a traz por inteiro e a exterioriza por meio dos seus muitos aspectos ou qualidades, que chamamos de axés.

Para os seguidores da Umbanda Sagrada, todos os divinos Orixás são Tronos de Deus; são emanações, irradiações divinas que regem tudo, inclusive o planeta Terra e as múltiplas dimensões da vida aqui existentes; atuam por telas planetárias multidimensionais, onde tudo reflete. São códigos genéticos divinos, também identificados com as essências, com os elementos, com os fatores divinos, com a natureza terrestre, com os sentidos da vida e com a natureza íntima dos seres. Trata-se do Setenário Sagrado, formador da Coroa Divina que rege o nosso planeta. O culto a uma divindade não é um fim em si mesmo, mas um meio de se chegar a Deus, onde reside de fato o poder manifestado por ela.

Cada Trono se desdobra de forma bipolarizada em trono Masculino e Feminino, Universal e Cósmico, passivo e ativo, irradiante e absorvente, positivo e negativo, etc., complementando-se na mesma qualidade, engendrando os sete pares ou 14 Orixás que fundamentam o panteão umbandista.

Os Orixás universais atuam no lado luminoso, nos níveis positivos, a partir da Direita. São portadores de uma natureza passiva, tolerantes conosco e nos veem por nossas capacidades de modificarmos as condutas negativas, assumindo uma evolução virtuosa. Os Orixás Cósmicos atuam nos níveis mais densos, a partir da Esquerda. São intolerantes com nossos erros, falhas e "pecados"

ELEMENTO BÁSICO	**OPERA NO CAMPO**	**ORIXÁS UNIVERSAIS**	**ORIXÁS CÓSMICOS**
Cristal	Religioso	OXALÁ	LOGUNÃ
Mineral	Do Amor	OXUM	OXUMARÉ
Vegetal	Do Conhecimento	OXÓSSI	OBÁ
Fogo	Da Razão e da Justiça	XANGÔ	?
Ar	Da Lei ou Ordem	OGUM	IANSÃ
Terra	Evolução ou Saber	OBALUAIÊ	NANÃ
Água	Da Geração ou Vida	IEMANJÁ	OMOLU

Uma cosmogonia tem de ser completa, mas faltava, entre os Orixás Cósmicos, um nome para a Divindade Feminina do Fogo, a Mãe Ígnea. Foi entre os Orixás da Umbanda que esse mistério há pouco tempo foi revelado, por meio da Entidade Pai Benedito de Aruanda, em psicografia a Pai Rubens Saraceni.

Na Umbanda Sagrada, quando esse mistério foi apresentado, utilizava-se o nome Egunitá, trazido também por Pai Benedito de Aruanda, pela psicografia de Pai Rubens Saraceni. Segundo esse espírito luzente, ele foi autorizado pela mãe Iansã Egunitá, pela não existência, até então, de um nome para a divina mãe Orixá do Fogo. Essa autorização, empréstimo, para que o nome Egunitá designasse a "Mãe do Fogo Divino", veio acompanhada da honra em cedê-lo, para que essa mãe pudesse ser cultuada de forma aberta na Umbanda, onde ela já ajudava todos aqueles que confiavam nos fundamentos e clamavam por seu auxílio divino, caloroso e abrasador.

O uso desse nome gerou controvérsias, pois no Candomblé é uma qualidade de Iansã. Egunitá cedeu o uso do seu nome, já que o nome da "mãe original" do fogo estava entre os não revelados, pois não podia ser pronunciado nem existia entre os povos primitivos que temiam o fogo.

Entretanto, esse fator equilibrador ígneo feminino existe, a Mãe Divina responsável pela aplicação da Justiça Divina na vida dos seres e na criação existe, independentemente de pessoas seguidoras de cultos afro-brasileiros aceitarem ou não essa "apropriação".

"O ser humano tem dificuldade em entender que as divindades estão acima do nosso mundo terreno, não são propriedade de ninguém e adaptam-se a muitos ritos e religiões, desde que não alterem suas funções na criação."[3]

A fim de evitar mais polêmicas e para que se expandisse o culto a essa Mãe Divina, em 5 de março de 2013, Pai Rubens, psicografando Pai Benedito de Aruanda, postou texto usando o nome Oroiná (fúria de fogo). Oros, em grego, significa montanha, e iná quer dizer fogo, em iorubá. Oroiná é a Mãe do Fogo, que consome nosso emocional desequilibrado, nossas energias, nossos pensamentos e sentimentos negativos, que limpa o nosso mental e os nossos ambientes.

---

3. SARACENI, Rubens. *Os Arquétipos da Umbanda: as Hierarquias Espirituais dos Orixás*. São Paulo: Madras Editora, 2023.

Antes das informações trazidas por Pai Benedito de Aruanda, por meio da psicografia de Rubens Saraceni, não havia na Umbanda um Orixá que representasse o Fogo da Purificação, o Fogo que destrói os desequilíbrios para a renovação do ser. Mãe Oroiná, na visão dos adeptos da Umbanda Sagrada, traz essa face que faltava no estudo dos Orixás, como Divindade do Fogo Purificador e Renovador. Essa renovação, segundo a Umbanda Sagrada, é justamente o aspecto característico da atuação de Mãe Oroiná e faz parte do seu culto, inclusive, diferenciando-o de cultos anteriores.

Não vamos nos estender na discussão do nome dessa divindade, pois Olorum é o nosso Divino Criador e criou tudo que nos cerca, e se mostra aos nossos olhos na grandeza infinita da Sua criação. Ele criou a Divindade Feminina da Sua Justiça, Mãe Oroiná, que, juntamente a Pai Xangô, rege a Linha da Justiça, uma das sete linhas de Umbanda Sagrada, na qual ela atua purificando e consumindo tudo, fluindo a Justiça a toda a criação divina em equilíbrio e harmonia; Xangô é o fator abrasador, que aquece.

Oroiná é a Mãe Orixá do Fogo e da Justiça, Mãe da purificação que faz um **par elemental puro** com o Orixá Xangô, que vibra no elemento fogo. Ela é a Orixá responsável pela geração da parte feminina do fator equilibrador da criação e dos seres, e a encarregada da aplicação da justiça divina em nossas vidas. É o fogo que purifica os sentimentos desvirtuados, consome os vícios e os desequilíbrios, as energias dos seres fanáticos, apaixonados e emocionalmente desequilibrados.

A Divina Mãe do Fogo trabalha nossos demônios internos, aliviando nossos carmas, queimando-os, para que levemos a vida de forma mais suave, podendo queimar e pulverizar desde as doenças até os processos judiciais, juntamente a Xangô. É

Orixá da purificação, que retira os vícios e purifica os humanos de todo excesso emocional.

Racional como Xangô, Oroiná não se comove por sentimentos e ajudará apenas quem julgar merecedor. Sua atuação em nossas existências não depende de nossas próprias vontades, pois desequilibrados ou viciados em algo, somos incapazes de decidir por nossa conta. Quando ela julgar necessário e merecido, agirá rapidamente com o poder de sua chama, para limpar nossa alma e queimar todas as energias negativas. Porém, com nosso arrependimento, podemos recorrer a ela para que nos ajude em nossa transformação.

Um Orixá Cósmico, a seu modo, ama os seres colocados sob sua irradiação direta, aquietando-os e redirecionando-os a uma evolução sadia, sólida e ordenada. Quando alguém está caindo vibratoriamente, os Orixás Cósmicos não se sensibilizam com nossas falhas, porém, nos auxiliam em nossa evolução, porque nos amam e também querem ser amados, respeitados e adorados.

Oroiná Natural, a Mãe do Fogo Divino, a Senhora da Espada Flamejante, quando verdadeiramente incorporada em um médium, ao girar, incendeia o éter à sua volta e absorve fogo por suas vestes, mãos e boca. Ela tem milhares de guerreiras e guerreiros da luz, também portadores de espadas flamejantes, dentre suas falanges de auxiliares, que podem ser invocadas nos trabalhos umbandistas, por exemplo, as Caboclas e os Caboclos Chama Dourada.

Mãe Oroiná carrega consigo como símbolos de seu poder o raio, a estrela de seis pontas e a espada. A saudação é: "Kaliyê, minha mãe!"

A energia ígnea de Mãe Oroiná fixa-se na terra, no cristal e no mineral, consome o vegetal, expande-se no ar e se anula na água. Esse fogo que purifica, na linha da Justiça, esquenta os Ventos de Ogum, irradia o Ar de Iansã e potencializa o Fogo de Xangô, para que os quatro possam reger as Leis do Mundo de forma Divina. A energia ígnea absorve o ar, e se alimenta das essências vegetal, mineral e cristalina. Fixa-se na terra e é incompatível com a água.

Por trás da associação dos elementos com os Orixás estão os poderes deles, os quais permitiram a materialização e o surgimento das substâncias no plano material, em seus pontos de força, locais em que mais emitem suas irradiações energéticas.

III – Cultos à Mãe Ígnea

Em cada religião e cultura, as Divindades são descritas e assumem formas humanas, do modo que melhor atenda às expectativas espirituais de adeptos e seguidores. Um mistério vivo do Criador se mostra a cada um de acordo com seu grau evolutivo e a consciência que tem da criação divina, do seu meio e de si mesmo.

Com o controle do fogo, nós, humanos, adquirimos a habilidade crucial para nossa sobrevivência, pois o fogo trouxe imensos benefícios para a humanidade. Ele é usado para cozinhar alimentos, afastar animais ferozes, forjar armas e ferramentas e nos manter aquecidos à noite.

Desde o início dos tempos, tenta-se entender os mistérios e o poder associados ao fogo. Por essa razão, isso foi interpretado de diferentes maneiras em várias culturas. Criaram-se mitos e histórias fascinantes, envolvendo diversos tipos de deusas e deuses do fogo e uma variedade de significados, como desejo, paixão, eternidade, ressurreição, renascimento, pureza, esperança e também destruição.

À medida que os humanos aproveitaram o fogo e o utilizaram para cozinhar, aquecer e se proteger dos animais selvagens, ele se tornou o elemento crucial para a sobrevivência, o aspecto mais importante da civilização humana, e desempenha um papel fundamental em muitas e distintas mitologias ao redor do mundo.

Geralmente, esses mitos e lendas envolvem divindades associadas ao fogo de alguma forma. Às vezes, esse elemento é o foco dos mitos e, em outras, os mitos governam o fogo e todas as suas fontes.

As propriedades regeneradoras do fogo são representadas pelo Sol, estrela que libera enormes quantidades de energia em nosso sistema planetário, tornando a vida possível, graças ao fornecimento do calor. As deusas que representam o Sol e seu fogo, em diversas culturas, são altamente potentes e proeminentes. Como ele envia luz e calor por meio de seus raios radiantes, essas divindades são consideradas a fonte da própria vida.

O fogo sagrado refere-se à natureza sagrada e eterna das chamas e representa a vida. O fogo da lareira, por exemplo, era vital para a preparação de alimentos, para o aquecimento e para oferendas de sacrifício aos deuses. Como tal, esse fogo representa a existência doméstica, a família e o lar. As deusas do fogo da lareira, frequentemente associadas às mulheres e ao casamento, eram vistas como protetoras dos lares e das famílias.

Muitos povos identificaram o fogo da lareira com o útero de uma mulher, fazendo analogia com o fogo doméstico, que pode transformar a massa em pão. Somente o fogo ardente dentro de um útero pode criar vida. Por isso, as deusas do fogo da lareira eram vistas como símbolos de fertilidade, vida e amor.

As deusas do vulcão, incluindo a deusa havaiana Pele e Aetna das mitologias grega e romana, representavam paixão e poder criativo. Somente a lava ou o fogo vulcânico queimando nas profundezas da Terra pode converter o calor e a luz do Sol em vida.

Essas deusas do fogo controlam a lava que dá a terra seu solo rico e fértil, mas também têm o poder de destruir tudo em seu caminho. No entanto, elas são vistas principalmente como as deusas dos poderes regenerativos, do fascínio sexual e da criatividade.

Em muitas religiões, o fogo está associado à chama eterna. Portanto, as deusas da chama sagrada, como a deusa romana Vesta, simbolizam uma vida, luz e esperança sem fim. Mas, também, em muitas crenças, o elemento fogo está intimamente ligado ao conceito de inferno ardente ou do submundo.

Kali

Na Índia, essa Mãe ígnea é cultuada há milênios como **Kal**i, a Divindade hindu "negra" da destruição e purificação, e tem por função aplicar a Justiça Divina, com rigor, na vida dos seres racionalmente desequilibrados. Ela é rigorosa e temida, porém muito justa, amorosa e protetora. Sua principal atribuição é purificar o emocional humano dos excessos emocionais dos seres desequilibrados, desvirtuados e viciados. Os devedores da Lei temem sua presença, pois sua energia é abrasadora e consumidora das várias concentrações energéticas negativas, como miasmas, larvas astrais e formas-pensamento.

Kali expressa o elemento fogo, com sua língua roxa; em algumas de suas representações, aparece sem roupas e seu corpo é coberto pelos longos cabelos negros. Usa um colar de caveiras, tem quatro braços e leva em cada mão armas de destruição e uma cabeça sangrando. É a senhora devoradora do tempo.

Kali é considerada, em algumas versões, uma contraparte de Shiva, representando a destruição ativa, o próprio poder e ação, enquanto a contraparte masculina representa a consciência passiva. Em outras versões, é vista como a manifestação da deusa Durga, a esposa de Shiva, mas também foi concebida como o aspecto dinâmico do Senhor Shiva. Kali personifica os três aspectos do ato cósmico, que se revelam na criação, na preservação e na aniquilação. Ela destrói o mal para proteger os inocentes.

O termo KARMA, mito importante para os hindus, deriva do sânscrito e compõe-se de: KA – Criador; R – fogo; MA – energia; significa "A purificação das energias pelo fogo".

Héstia

Na Grécia, **Héstia** (Vesta, em Roma) era a divindade considerada o próprio fogo, adorada como deusa do lar, pois sem ela não haveria a comida, nem o fogo presente na lareira, que era o centro do lar, nem o calor que aquecia contra o frio, pois trazia energia, motivação e potência.

A Deusa Héstia, deusa sagrada do fogo, era muito respeitada pelos deuses e pelos mortais. Ela está entre os 12 principais deuses do Olimpo e que ali residiam.

Sekmet

No Egito, **Sekmet** era a **poderosa**, purificadora dos vícios e esgotadora daqueles caídos no mal. Era apresentada por uma cabeça de leoa, encimada pelo disco solar, representando o poder destruidor do Sol. Era aquela que usava o coração com justiça e vencia os inimigos.

Bright

Bright ou **Brígida**, conhecida também como a Exaltada, é a deusa irlandesa da lareira, da forja e da chama sagrada. Conforme o folclore gaélico, ela é conhecida também como a deusa de poetas, ferreiros e curandeiros, além da inspiração e do parto.

Com a cristianização da Irlanda, Brígida foi transformada em santa, padroeira do gado, do trabalho agrícola e guardiã das famílias, protegendo-as do fogo e da calamidade.

Pele

Pele é a deusa havaiana do fogo e dos vulcões, proeminente divindade feminina na mitologia havaiana que até hoje mantém uma forte influência cultural. Muitas vezes, por respeito, também é chamada de Tūtū Pele ou Madame Pele. Como a deusa do fogo vulcânico, Pele também é conhecida como Aquela que Molda a Terra Sagrada.

Acredita-se que, por ela extrair o calor do núcleo da Terra, despertando as sementes e o solo adormecidos e ativando seu crescimento, a deusa Pele seja responsável pela vida no planeta. A terra fica purificada e pronta para um novo começo e uma nova vida. Ainda hoje, os havaianos fazem oferendas a essa deusa, rezando para a proteção de seus lares e da agricultura. Os solos vulcânicos são muito férteis.

IV – A Purificação Divina

Não há no mundo outro agente de purificação igual à chama da Verdade Espiritual. Quem a conhece, quem a ela se dedica, será purificado.

(Bhagavad Gita)

O elemento Fogo é a energia vital que dá entusiasmo, alegria e vontade de viver, luz e calor ao mundo. Um elemento possui duas naturezas, dois polos, duas formas de nos alcançar, de nos paralisar ou estimular. Ele pode esgotar nossos emocionais desequilibrados, paralisar ou estimular nossa evolução e nossa fé.

A palavra agni, do sânscrito, significa fogo, com a mesma origem de ignis, do latim. No panteão hindu, **Agni** é o Senhor do Fogo Divino, do fogo da fé. **Kali**, o fogo das paixões humanas, em oposição a Agni, é uma divindade temida e evitada por aqueles que desconhecem seu mistério e o porquê de sua existência.

Divindades não são andróginas. Mãe Oroiná é o fator feminino na onda geradora ígnea e Xangô é o fator masculino. Mamãe Oroiná é a Divindade Feminina do Trono da Justiça, no qual Xangô é a Divindade Masculina.

Trazendo para a Umbanda, ele é o fogo em seu aspecto positivo (Xangô) e ela em seu aspecto negativo (Oroiná) – o fogo da purificação das ilusões humanas. Agni **(Xangô)** é o polo masculino, passivo, irradiante, o raio dourado, a chama que aquece e ilumina o ser, a serpente flamígera da Fé. Kali **(Oroiná)** é o polo feminino; é ativa e atratora, o raio rubro, a serpente rubra da paixão, o braseiro que queima.

Aí, temos a linha pura do fogo elemental, cujas energias incandescentes e flamejantes tanto estimulam o sentimento de justiça quanto consomem os vícios, que são as qualidades, os atributos e as atribuições de Xangô e Oroiná: aplicar a Justiça Divina em todos os sentidos da vida!

O fogo simboliza a existência, a paixão, o espírito, o conhecimento intuitivo, a iluminação. É um símbolo regenerador e purificador, tanto no Ocidente como no Oriente, e seu significado sobrenatural vai desde as almas errantes até o espírito divino. Simboliza, por um lado, renascimento e renovação pelas forças divinas e da Natureza, mas, por outro, possui um aspecto destruidor, estado passageiro, pois a destruição de algo sempre representa a abertura de espaço para um nascimento em uma nova condição.

No Antigo Egito, o fogo era visto como uma representação do Sol na Terra. Várias tradições e rituais iniciáticos e de passagem, bem como algumas cremações rituais, têm em comum o aspecto purificador e regenerador do fogo, como motor da regeneração periódica. É um dos mais importantes símbolos das tradições espirituais, das religiões e do esoterismo, sendo considerado sagrado e divindade por muitos povos. Por sua qualidade transmutadora, era considerado sagrado também pelos alquimistas.

O fogo também traz o sentido de um desenvolvimento espiritual, de uma transformação íntima, transmutando a consciência até se atingir a iluminação. Os iogues associam o fogo com o chacra muladhara, no qual o elemento fogo está presente, sendo o veículo da energia vital que alimenta todo ser em seus vários níveis. É também a kundalini yoga, o chamado "fogo serpentino" e também o "fogo interior" do Tantrismo. Rituais de passagem sobre o fogo representam a purificação e a libertação do corpo das paixões grosseiras e dos desejos inferiores.

Purificar é limpar, retirar embaraços; é desimpregnar um ser, física e espiritualmente. Os vícios emocionais tornam os seres insensíveis à dor alheia. Os desequilíbrios mentais transformam os seres em tormentos para seus semelhantes. A purificação do corpo, do coração e do espírito torna-se uma necessidade.

A purificação do corpo implica um comportamento limpo, claro e aberto, em dar carinho e servir aos outros, fazendo de nós um modelo a ser seguido. Significa não ir à busca do prazer e da gula, não falar palavras fúteis, desrespeitosas ou sobre os erros dos outros, não promover discórdias, mas incentivar as pessoas a fazerem as coisas certas; dizerem palavras reconciliadoras; serem educadas, amorosas, suaves, delicadas e benevolentes; não falarem alto e grosseiramente. Implica ainda, o consumo de alimentos depurativos do sangue e curativos, e a superação de vícios e maus hábitos.

A purificação do coração, como fonte da consciência do ser humano, ocorre com a preservação do pensamento limpo e sem defeito. Para isso, devemos desenvolver a sinceridade, o respeito, a humildade, a gratidão, a harmonia, o contentamento, a misericórdia, a compaixão, a abnegação e o perdão.

As energias negativas estão por toda parte, podem concentrar-se em alguns ambientes e trazer problemas se não forem purificadas. Se não se dominar e limpar a mente e a razão, não será possível limpar o coração e as emoções. É preciso dominar, apaziguar e apagar as lembranças na mente, para não abrir as feridas, limpar o coração e a razão, para ajudar na purificação.

O ciclo reencarnacionista é uma das vias de evolução, sob a irradiação dos Sagrados Orixás, na qual todo e qualquer espírito tem a possibilidade de percorrer um caminho de aperfeiçoamento, tanto no plano material quanto no plano espiritual. Este mundo transitório da matéria deve ser entendido como uma dádiva, a fim de podermos enxergar nossa verdadeira dimensão e caminhar para a comunhão com a consciência divina. Em nossa prática do dia a dia, temos de ser nós mesmos, uma fonte de luz.

O sentido da vida está em ajudarmos no equilíbrio de nossos semelhantes. Aqueles que se tornaram conhecedores da Justiça Divina e da Lei, e já conquistaram seu equilíbrio, buscam a essência do Criador nas coisas mais simples, sacrificam-se pelos semelhantes, sem nada esperar em troca; preocupam-se em não depredar a Natureza e sempre respeitar as criações Divinas.

A nós, umbandistas, cabe purificar nosso íntimo, renovar a religiosidade e a fé em Deus e nos Sagrados Orixás, no nosso meio humano, sofrido e desencantado com tantas injustiças sociais e religiosas. Temos de lidar simultaneamente com nosso íntimo e com nosso meio, sem nos dissociarmos de nada ou de ninguém à nossa volta. É fundamental que conquistemos os dons, as virtudes e a harmonia para o nosso planeta, retornando à simplicidade de cultuar Deus, de sermos responsáveis pela vida e auxiliares do nosso Divino Criador.

Se essa for a prática cotidiana na existência do umbandista, ele se tornará inacessível aos espíritos trevosos e às vibrações negativas.

A purificação do nosso coração e do nosso íntimo está relacionada à conexão com nossos sagrados Orixás, especialmente com Mãe Oroiná. Para purificar seu coração de mágoas e de sentimentos negativos, clame por Oroiná, que ajudará você a se libertar e ter uma nova vida.

V – Oroiná a Divindade Feminina da Justiça Divina

Deus é o Todo e os Orixás são as partes desse Todo.
Em cada Divindade, está Deus.
(Rubens Saraceni)

Oroiná, como já dissemos, é a Mãe Orixá do Fogo e da Justiça Divina; Mãe da purificação que faz par com o Orixá Xangô. Ela é a Orixá responsável pela geração da parte feminina do fator equilibrador da criação e dos seres.

Esse fator equilibrador ígneo feminino, como mencionamos, existe; a Mãe Divina responsável pela aplicação da Justiça Divina na vida dos seres e na criação existe; essa Mãe ígnea, que é cultuada há milênios na Índia, como Kali, tem por função aplicar a Justiça Divina com rigor na vida dos seres racionalmente desequilibrados. Ela é rigorosa, porém muito justa, amorosa e protetora. Sua principal atribuição é purificar o emocional humano dos excessos dos seres desequilibrados, desvirtuados e viciados.

A ação fulminante de Mãe Oroiná, Kali-Yê, é cósmica e ativa, frequentemente invocada para desmanchar magias negras, ativadas contra os templos ou as moradas das pessoas. Sua energia é abrasadora e consumidora das várias concentrações energéticas negativas, como miasmas, larvas astrais e formas-pensamento. Os devedores da Lei temem sua presença.

Fogo: eis o mistério de nossa amada Mãe Oroiná, regente cósmica do Fogo e da Justiça Divina que purifica os excessos emocionais. A energia ígnea dessa Mãe, conforme já dissemos, fixa-se na terra, no cristal e no mineral, consome o vegetal, expande-se no ar e se anula na água. Mãe Oroiná é o fogo que purifica.

No fogo, temos os Orixás Xangô e Oroiná. Ele é o fogo, calor, em seu aspecto positivo, e ela o é em seu aspecto negativo, cósmico, ou o fogo da purificação das ilusões humanas. Um mesmo elemento possui dois polos, duas naturezas, duas formas de nos alcançar e de nos estimular ou de nos paralisar; de acelerar ou paralisar nossa evolução; de estimular nossa fé ou de esgotar nossos emocionais desequilibrados.

Nossa mãe Oroiná é fogo puro e suas irradiações cósmicas absorvem o ar, pois seu magnetismo cósmico atrai esse elemento, com o qual se energiza e se irradia, até onde houver ar para lhe dar essa sustentação energética e elemental.

O fogo é a energia fundamental ao equilíbrio mental no campo da razão.

VI – O Elemento Fogo na Umbanda

O **fogo** nos trabalhos de Umbanda é manipulado por meio das chamas das velas, pela **brasa** utilizada nas defumações, juntamente às ervas, pela queima de **pólvora**, em descarregos, e pelo uso do **fumo**, em charutos, cachimbos e cigarros de palha.

A vibração do fogo é purificadora e energética, pois queima miasmas e larvas astrais, e tem o poder de desintegrar trabalhos de magia negativa. Pode corrigir e equilibrar, proporcionar entusiasmo e otimismo, transformar desânimos em motivações e ânimos, além de aumentar o bom humor e a criatividade.

"Um culto realizado ao redor de uma **fogueira** queima miasmas ou larvas astrais e energiza positivamente o espírito das pessoas alcançadas por suas ondas quentes".[4]

O teor ígneo nos trabalhos de Umbanda é de importância fundamental, é fornecido pelo uso de **velas** brancas e coloridas, em triângulo, em cruz, em pentagrama ou outro arranjo solicitado pelas entidades. O teor ígneo é diferente conforme a quantidade, e como as velas são distribuídas e firmadas. A cor da vela, por sua vez, altera a "temperatura" do teor ígneo.

---

4. SARACENI, Rubens. *Umbanda Sagrada: Religião, Ciência, Magia e Mistérios*. São Paulo: Madras Editora, 2001. Grifo meu.

As velas significam luz, dão vida ao altar e recebem, das divindades às quais forem consagradas, fluxos de energia divina que se irradiam pelo espaço interno do Templo, alcançando os que se encontram dentro dele. Elas ajudam na concentração, absorvem energias, essências e elementos negativos, consomem cordões energéticos desfavoráveis e irradiam uma gama de ondas vibratórias, transportadoras de benéficas energias ígneas, capazes de alterar a energia de uma pessoa ou de um ambiente. Além de alterar o estado energético de pessoas e ambientes, podem concentrar a energia de intenções e propósitos, nossas solicitações e pensamentos, ativar a fé, mantendo a sintonia com o astral superior.

No Templo, ao acendermos velas, estabelecemos no plano matéria-espírito poderosos polos magnéticos sintonizados com os mistérios regentes dos Orixás e dos Guias Espirituais invocados. A chama da vela simboliza a chama da fé, manifestada religiosamente, estabelece espaços religiosos bem definidos e nos liga, por meio de cordões, aos nossos Pais e Mães Maiores.

Ao acendermos as velas e pedirmos a um ou mais dos nossos Orixás a proteção divina e o amparo durante um trabalho espiritual, abre-se um polo magnético positivo das linhas por onde fluem suas irradiações que atuarão nas manifestações do espaço religioso, dando sustentação ao trabalho enquanto ele não for encerrado. Ao final, o polo se fechará para o lado material, permanecendo aberto e ativo no lado espiritual por sete dias, durante os quais cada par de Orixás atuará no seu dia específico, irradiando, absorvendo e anulando irradiações negativas, captadas por seus polos negativos. São Sete Linhas de Umbanda, uma para cada dia da semana correspondente a ela, ainda que todas as outras também estejam presentes. A vela é neutra no momento em que a acendemos, mas, ao ser consagrada a um Orixá, imediatamente se estabelece um cordão de ligação entre o Orixá e a vela.

É bastante comum, nos trabalhos de Umbanda, um Guia cruzar velas e oferecê-las aos atendidos, para que as levem para casa e acendam. Assim, as velas realizam um trabalho de limpeza e purificação dentro do ambiente, retirando as cargas negativas ali acumuladas.

Quando firmadas com amor e fé, as velas captam as irradiações positivas, que chegam do alto verticalmente, e estabelecem um elo maior com a dimensão divina, por meio das divindades que nos assistem.

A **defumação**, que alia o fogo às ervas e ao ar, antes do início de cada trabalho, dilui as energias negativas condensadas, purifica o ambiente e sutiliza as vibrações, tornando o espaço do Templo receptivo às energias de ordem positiva, também limpa os médiuns e suas guias de contas. O braseiro da defumação deve estar tão bem aceso que queimará até o fim, até virar cinza.

A **pólvora**, igualmente, é um elemento ligado ao fogo, utilizado na Umbanda. Sua fabricação pode ser caseira ou industrializada. Ela é constituída por enxofre, carvão vegetal e nitrato de potássio ou salitre. Quando em contato com o fogo, explode, tanto no campo físico como mais intensamente no campo astral, desintegrando campos de força densos, miasmas, placas, morbos psíquicos, parasitas, ovoides, etc., que os Guias não conseguem desfazer apenas com a força mental e com o fluido dos ectoplasmas dos médiuns.

O enxofre provê o carbono e o nitrato de potássio provê o oxigênio. A pólvora, fundanga (vocábulo de origem quimbundo) ou tuia (palavra do iorubá), também chamada de "ponto de fogo", "roda de fogo" ou "círculo de pólvora", é um elemento de magia ambivalente, cujo principal objetivo é afastar, limpar e dispersar da aura de pessoas e de ambientes espíritos obsessores, energias negativas, larvas, cascões, vampiros, magos negros, corpos astrais de animais, formas-pensamento, etc.

Atualmente, poucas casas utilizam esse elemento, pois os trabalhos com pólvora exigem concentração e precaução extraordinárias. Esses trabalhos devem ser realizados perto de aberturas e jamais dentro de residências ou lugares fechados, pois estes não permitem a evaporação das camadas deletérias por ela deslocadas em sua explosão, o que determinará a sobrecarga do ambiente com resíduos oriundos de sua ação.

Apesar de em algumas casas se considerar a pólvora como a força máxima para limpeza, seu uso deve ser restrito a casos da mais absoluta necessidade e sob a responsabilidade do Guia-Chefe. A descarga com pólvora é um arremedo no

Microcosmo dos recursos do Macrocosmo, utilizados pelo poder do Criador com idênticas finalidades.

Vamos citar também o tabaco, considerado sagrado e usado há milênios pelos povos indígenas em seus trabalhos de cura, pajelança e xamanismo. A queima do tabaco e sua fumaça, em charutos, cachimbos e cigarros de palha, são elementos consumidores para limpeza do corpo etérico do atendido, dissolvendo, desagregando e descarregando condensações energéticas negativas e formas-pensamento plasmadas; queimando larvas, miasmas astrais e cordões energéticos; limpando interna e externamente vibrações de ódio, inveja, mágoas e ressentimentos.

Durante os trabalhos de Umbanda, os Guias Espirituais utilizam o sopro para trabalhos de cura e limpeza, com efeitos espirituais terapêuticos eficazes da fumaça, altamente potencializados pelo poder das ervas.

No decorrer dos atendimentos, as entidades incorporadas não tragam as fumaças de charutos, cachimbos e cigarros, mas sopram baforadas sobre os consulentes, realizando seus passes, conjugando sopro e defumação para a limpeza energética dos seus perispíritos ou auras.

Sopro, ervas e fumo, potencializados pelos Guias com suas energias etéricas, são poderosos elementos terapêuticos, limpadores de campos eletromagnéticos. O odor do fumo sendo queimado atrai bons fluidos e ajuda na concentração do médium. É uma defumação especial e individual.

Na Umbanda, o uso do fumo e de outros elementos pelos Guias Espirituais cria as condições, no plano material e astral, para a realização da Magia da Umbanda, sob a magnetização dos sagrados Orixás.

Os elementos, aliados à magia das entidades Guias, à energia da natureza com os elementais, e o ectoplasma fornecido pelos médiuns durante os trabalhos compõem um poderoso arsenal magístico que possibilita a limpeza, o equilíbrio e a cura dos consulentes atendidos.

O uso do fumo e de outros elementos pelos Guias Espirituais nos rituais umbandistas nada tem de ignorância, primitivismo, inferioridade ou "baixo espiritismo", pois eles têm significados claros e fundamentados nos trabalhos de limpeza e purificação.

VII – Justiça e Lei

Um ser manifestador de uma qualidade divina só assume a condição de Divindade se for em si mesmo essa qualidade.
(Rubens Saraceni, *Orixás: Teogonia de Umbanda*)[5]

Nossa Mãe Oroiná é fogo puro e suas irradiações cósmicas absorvem o ar, pois seu magnetismo cósmico atrai esse elemento, com o qual se energiza e se irradia, até onde houver ar para lhe dar essa sustentação energética e elemental.

Justiça (fogo) e Lei (ar) são inseparáveis. Para comentarmos Oroiná, temos de envolver Ogum, Xangô e Iansã, que são os outros três Orixás que também se polarizam e criam campos específicos de duas das Sete Linhas de Umbanda.

Oroiná é **cósmica** e seu primeiro elemento é o fogo, que se polariza com seu segundo elemento, o ar. Portanto, como o fogo é o elemento da Linha da Justiça, ela é uma divindade que aplica a Justiça Divina na vida dos seres. Ela é a executora da Justiça Divina nos campos da Lei, regidos por Ogum, no polo positivo da linha pura da Lei. E, porque o ar é o seu segundo elemento, que a alimenta e energiza, e é o elemento da Linha da Lei, ela é uma divindade que aplica a justiça como agente ativa da Lei Maior, e consome os vícios emocionais e os desequilíbrios mentais dos seres.

5. Publicado pela Madras Editora.

Ogum é a essência eólica, aérea, que é a concretização do atributo exclusivo dele, a ordenação. Ele é a materialização da energia fatoral ordenadora de coisas úteis às criaturas e à própria Criação, em todas as dimensões. Existe o mistério Senhor do Fogo Divino, e Ogum é o Guardião desse mistério, pois o ar tanto pode intensificar como diminuir o fogo. Sem oxigênio não há combustão; é ele que sustenta o fogo (Xangô).

A essência eólica de Ogum o faz "manipulador" e movimentador do fogo, pois o ar limita, estimula ou sufoca as chamas. Como Orixá essencial, Ogum vibra a Lei e irradia uma essência estimuladora do equilíbrio dos seres. Ele encaminha para Xangô, o Juiz assentado no Tribunal Divino, questões que precisam ser julgadas, além de executar os seres julgados e condenados pela Justiça Divina, segundo os princípios da Lei.

O Trono aéreo (Ogum) é um trono essencial que tem por função dar mobilidade aos seres, em todos os sentidos, abrindo seus caminhos. Mobilidade é a capacidade de se mover física, espiritual e mentalmente. A essência eólica é estimuladora da evolução, pois estimula e impulsiona o ser a avançar, a não estacionar. Ogum é o ar perene, equilibrado, que alimenta a vida, ativando e energizando a chama (Xangô). No elemento ar, ele é ordenador da Lei e, no elemento fogo, é aplicador da Justiça.

Como mental planetário, o Orixá Ogum, Guardião por excelência, atua mantendo o equilíbrio entre as muitas dimensões, distribuindo suas vibrações energo-magnéticas equilibradamente, para que não haja excesso nem carência de energias aéreas em nenhuma delas.

Lei (ar) e Justiça (fogo) são complementares. O fogo energiza o ar com seu calor e o ar expande ou faz refluir o fogo. A Justiça não anula a Lei; a Lei não anula a Justiça. Uma dota a outra com recursos, pois a Justiça dota a Lei de recursos legais, dando-lhe mais desenvoltura, e a Lei dota a Justiça com recursos jurídicos para se interpor diante das injustiças. Fogo e ar, Justiça e Lei se completam; são duas linhas de Umbanda indissociáveis.

Na **Linha da Lei**, Ogum polariza com Iansã, que é ar em grande quantidade, que vira tempestade, ventania, ciclone, os quais são domínios dela. Iansã é aplicadora da Lei na vida dos seres emocionados pelos vícios. Seu campo preferencial de atuação é o emocional dos seres. Ela os esgota e os redireciona, abrindo-lhes novos campos por onde evoluirão de forma menos emocional. Ogum e Iansã, eólicos por excelência, formam um **par vibratório** (ar), no qual ela é ativa, com suas irradiações magnéticas circulares ou espiraladas, e ele é passivo, com suas irradiações magnéticas retas. Par vibratório significa que ambos manipulam energias afins entre si ou complementares. Ogum forma par vibratório com Iansã, pois ele é o ar que ordena e ela é o ar que direciona, na mesma linha de força. Onde ela é ativa, ele é passivo, pois um completa o outro. Ogum atua no mental e ela no emocional dos seres.

Na **Linha da Justiça**, Ogum (ar) forma **par energo-magnético**, polarizando com Oroiná (fogo) e lhe dá sustentação, de maneira passiva e ordenadora, sem se espalhar. Polarizam-se para aplicar a Lei, pois são complementares. Ela é aplicadora da Justiça Divina na vida dos seres insensíveis à dor alheia e que são tormentos para os semelhantes, como agente ativa da Lei, e consome os vícios emocionais e os desequilíbrios mentais desses seres. Par energo-magnético significa que um está assentado no polo positivo e outro no polo negativo. Um precisa do outro, mas também pode neutralizá-lo, anulá-lo ou expandi-lo. Os opostos tanto se neutralizam como se anulam ou se alimentam.

Oroiná, o fogo que devora, consumirá os desequilíbrios mentais e os vícios, emocionais aéreos, surgidos com o desvirtuamento dos princípios da Lei. Consumirá e paralisará todos os vícios, cujo ar que anima os princípios puros na vida do ser (Lei) se tornou viciado e distorcido, até que novo ar puro e novos princípios voltem a arejar sua existência.

Quando chamamos Ogum para nos defender das investidas de seres desequilibrados, suas hierarquias ativam seus pares opostos esgotadores dos desequilíbrios, das injustiças e do irracionalismo, assentados nos polos magnéticos negativos, ativos e cósmicos da irradiação da Justiça Divina. Surge o fogo da purificação, a Mãe Oroiná, purificadora dos meios ambientes religiosos (Templos), das casas e do íntimo dos seres (sentimentos). Ela é o aspecto "punitivo" da Lei Maior regida por Ogum.

O fato é que todas as irradiações divinas, enquanto são apenas essências, são neutras, mas quando se condensam e dão origem aos elementos, aí se polarizam em todos os sentidos e assumem naturezas bem distintas.

Xangô e Oroiná formam um par vibratório; ele é o fogo em seu aspecto positivo e ela, o fogo da purificação das ilusões humanas, o é em seu aspecto negativo. Xangô é o fogo da fé e Oroiná é o fogo das paixões humanas. Xangô é polo masculino e Oroiná é polo feminino. Xangô é passivo e irradiante; Oroiná é ativa e atratora. Xangô ilumina o ser e Oroiná o toma rubro. Xangô é o raio dourado e Oroiná é o raio rubro. Xangô é a serpente flamígera da Fé, e Oroiná é a serpente rubra da paixão. Xangô é a chama que aquece e Oroiná é o braseiro que queima.

As divindades têm uma função a realizar e nós sempre seremos beneficiários de sua atuação. Quando nos paralisam, também estão nos ajudando, pois estão evitando que continuemos trilhando um caminho que nos conduzirá a um ponto sem retorno. Oroiná é a executora da Justiça Divina nos campos da Lei, regidos por Ogum no polo positivo da linha pura da Lei.

VIII – Os Fatores Divinos de Mãe Oroiná

Em sua prática, pense no resultado que busca, concentre-se na ação que deseja da Divindade e verbalize-a, trazendo à tona o fator principal daquela atuação.

(Rubens Saraceni)

Fatores de Deus são micropartículas, as menores da criação, as energias irradiadas por Ele mesmo. Tudo tem início a partir dessas energias sutis geradas e emanadas por Olorum, que desencadeiam os processos de criação, originando os fatores divinos. Cada fator, ou menor partícula divina, tem uma função na criação, uma qualidade, uma característica, é original e fundamental a tudo que existe; todos os fatores estão em nós.

Segundo Pai Rubens Saraceni, fatores são qualidades doadas por Deus, irradiações divinas, energias vivas e verdadeiros códigos genéticos energéticos que estão na origem e na formação de tudo e em todos os lugares, inclusive das Divindades e das suas hierarquias. São as menores partículas energéticas vivas criadas pelo Divino Criador e o meio do verbo divino se realizar como ação.

Cada fator é em si mesmo uma ação realizadora do significado do verbo que o identifica. Deus é agregador, ordenador, geracionista, expansor, congregador, evolutivo, conceptivo, equilibrador, concentrador, paralisador, racionalizador e detentor de todas as outras infinitas qualidades divinas. Cada Divindade desenvolve uma natureza pura, totalmente identificada com o fator que a imantou em sua geração.

Cada uma dessas partículas eletromagnéticas, as menores da criação, ou fator, é detentora de uma qualidade, uma função, uma característica. Os Orixás e a ancestralidade divina que todos temos se explicam por esses fatores de Deus, gerados na energia divina e que, após se unirem, formando estruturas muito bem definidas, reproduzem-se continuamente.

Temos dificuldade para expressar em palavras o nome ou significado complexo de cada fator. Por isso, os fatores que conhecemos foram nomeados pelo Pai Rubens Saraceni de forma muito simples, por meio dos verbos realizadores que os representam.

É de fundamental relevância o entendimento dos fatores divinos, que são irradiações, energias vivas divinas, verdadeiros códigos genéticos energéticos, que estão na origem e na formação de tudo, e distinguem os Orixás Ancestrais. Cada fator contém em seu núcleo uma ação específica e é por meio dele que alcançamos nossas graças dentro ou fora de um Terreiro de Umbanda. Para tudo que pode ser pedido existe um fator que pode atender.

Os fatores podem atuar de forma positiva – universal – ou negativa – cósmica. Um fator é uma função divina, tanto na criação quanto na vida dos seres. Os fatores atuam sobre nós, estimulando-nos, energizando-nos e elevando-nos, quando nossos sentimentos são virtuosos, ou nos paralisando, quando os sentimentos íntimos são negativos e estamos em desarmonia com o Criador; nós os absorvemos pelos elementos e pelas energias.

Os mistérios dos Orixás são capazes de nos influenciar positiva ou negativamente. São fatores evolutivos em nossas vidas, que poderão se tornar fatores regredidores nas vidas dos seres que derem mau uso ao livre-arbítrio.

Nenhum Orixá ou Mistério da Lei Divina é mau ou nocivo, visando sempre ao nosso benefício. Os mistérios dos Orixás são responsáveis pelo equilíbrio na Criação, sustentando as faculdades daqueles que dão bom uso a elas e fechando as faculdades daqueles que lhes dão mau uso. Não há como descrever muito os mistérios, apenas aceitar que eles existem.

Na Coroa Divina está assentada a **Justiça**, como mais uma das manifestações de Olorum, como uma de Suas essências. Essa essência é movimentada cosmicamente por Oroiná, que vibra justiça o tempo todo e suas irradiações fluem em todos os níveis, alcançando tudo e todos o tempo todo, por meio dos fatores divinos.

Os fatores são nomeados pelos verbos realizadores que os representam e são um universo grandioso. Quando criamos e damos determinação aos fatores o fazemos de maneira livre, pois a divindade capta a real intenção do que ali está sendo verbalizado, por intermédio de seus mensageiros.

Em nossa prática, devemos concentrar-nos na ação que desejamos da Divindade, pensar no resultado que buscamos e verbalizar a ação, trazendo à tona o fator (verbo) principal daquela atuação.

Os fatores do Trono Feminino da Justiça, Mãe Oroiná, são vários, vamos nomear apenas alguns, dentre os quais destacamos:

Fator incandescedor: tornar candente, pegar fogo, pôr em brasa, inflamar, acender, incendiar, queimar, fazer arder, afoguear, avermelhar, enrubescer. No sentido figurado significa tornar-se irritado, exaltar-se, rebelar-se contra regras ou hierarquias, tornar-se desordeiro, insubordinado, rebelde, divergente, dissidente.

Fator consumidor: gastar, destruir, extinguir, dilapidar, absorver, ingerir, comer, apoquentar-se, abater, causar dano.

Fator incendedor: acender, inflamar, fazer arder, afoguear, ruborizar.

Fator fundidor: derreter, liquefazer.

Fator graduador: tem por função graduar a ação dos outros fatores; o que gradua, para dar às nossas criações seus respectivos estados de estabilidade, seu ponto de equilíbrio.

Fator afogueador: pegar fogo, estar sob a ação de muito fogo ou muito calor; em brasa, afogueado, abrasado, da cor do fogo; vermelho, corado, enrubescido, ardente, escaldante.

Fator apurador: tornar puro, purificar, escolher, selecionar, investigar, pesquisar, especular, explorar, indagar, inquirir, examinar, investigar, averiguar.

Fator aquecedor: tornar quente, entusiasmar, excitar, adquirir calor, transmitir ou receber conforto; reconfortar.

Fator purificador: tornar puro, livrar de impurezas, sanear, depurar, limpar, livrar-se de manchas morais, de pecados, purificar o coração.

Todos os fatores de Mãe Oroiná nos remetem à ideia de depuração do ser, de queima pelo fogo, de extinção, de destruição pelas chamas, de purificação das insubordinações, de reequilíbrio e energização das faculdades, eliminar pecados e erros de um ser em desequilíbrio, para se chegar à purificação do coração.

Mãe Oroiná é detentora do mistério das Sete Fogueiras Sagradas e do Mistério dos Sete Vulcões Sagrados.

IX – Pontos de Força na Natureza

O Único Templo construído por Deus é a Natureza.

Tudo está fundamentado e conectado a Deus, nosso Divino Criador Olorum, cujo mistério criador é inesgotável.

As Divindades Orixás, ou Tronos de Deus, absorvem do mistério "fatores" grande quantidade de fatores divinos, que atuam sobre nós o tempo todo. Os sete elementos formadores da natureza terrestre (ar, água, fogo, terra, mineral, vegetal e cristal) são sustentados pelas sete vibrações divinas, cujas bases estão em Deus.

Por trás da associação dos elementos com os Orixás estão os poderes deles, os quais permitiram a materialização e o surgimento das substâncias no plano material, em seus pontos de força, ou vórtices energéticos, locais em que mais emitem suas irradiações energéticas.

ORIXÁ	ELEMENTO	PONTO DE FORÇA
Oxalá	Cristal límpido	Campo aberto
Logunã--Tempo	Cristal fumê	Campo aberto

Oxum	Mineral	Rios de águas correntes e cachoeiras
Oxumaré	Mineral	Rios de águas correntes e cachoeiras
Oxóssi	Vegetal	Matas
Obá	Telúrico-vegetal	Matas ciliares e lagoas em matas
Xangô	Ígneo	Sopé de montanhas ou pedreiras
Oroiná	Ígneo	Sopé de montanhas ou pedreiras
Ogum	Eólico	Campo aberto à beira de caminho
Iansã	Eólico	Pedreira ou campo aberto
Obaluaiê	Telúrico-aquático	Campo-santo
Nanã	Aquático-telúrico	Margem dos lagos
Iemanjá	Aquático	Praias, em frente ao mar
Omolu	Telúrico	Campo-santo

Esses reinos naturais são Santuários, com características energéticas especiais, chacras ou vórtices eletromagnéticos, geradores, irradiadores e captadores de energias oriundas de outras dimensões, com as quais interagem.

O princípio é Olorum e seus agentes executores das leis são os Orixás, que são os regentes da Vida e das forças atuantes na Natureza, à nossa disposição nesses Pontos de Força Naturais, ao redor dos quais vivem milhões de seres puros e nobres. Esses pontos de força ficam saturados com as energias e os magnetismos das divindades e, ao absorvê-los, nos beneficiamos. Eles podem fazer muito por nós, se soubermos interagir com suas forças espirituais e como nos servir de seus poderes.

O Ponto de Força natural de Mãe Oroiná está nos vulcões ativos e nas montanhas vulcânicas, mas, por não os termos em nosso país, podemos considerar seus pontos de força as montanhas e as pedreiras. Ela pode ser oferendada no centro de uma pedreira. Entendamos o porquê.

Oroiná é o fogo primordial, é o magma, no interior do nosso planeta; é a lava dos vulcões, é a lava que sustenta e movimenta as placas tectônicas, responsável por vulcanismos e terremotos e pelo surgimento das montanhas.

No interior do planeta Terra, na segunda camada interna, está o magma, massa pastosa em altíssima temperatura, aquecida entre 600° e 2.000° C. Normalmente, essa massa é mantida no interior de câmaras situadas a até 150 km de profundidade, constituída por silicatos de ferro e magnésio, além de compostos voláteis ricos em enxofre e cristais em suspensão e bolhas de gás. Na realidade, toda a superfície de nosso planeta veio do magma e por ele se movimenta.

O núcleo da Terra, também chamado "coração da Terra", é feito de ferro e níquel, cuja parte externa, o magma, é líquida, e a interna é sólida, em virtude da gigantesca pressão do material sob o raio terrestre de 6.000 quilômetros.

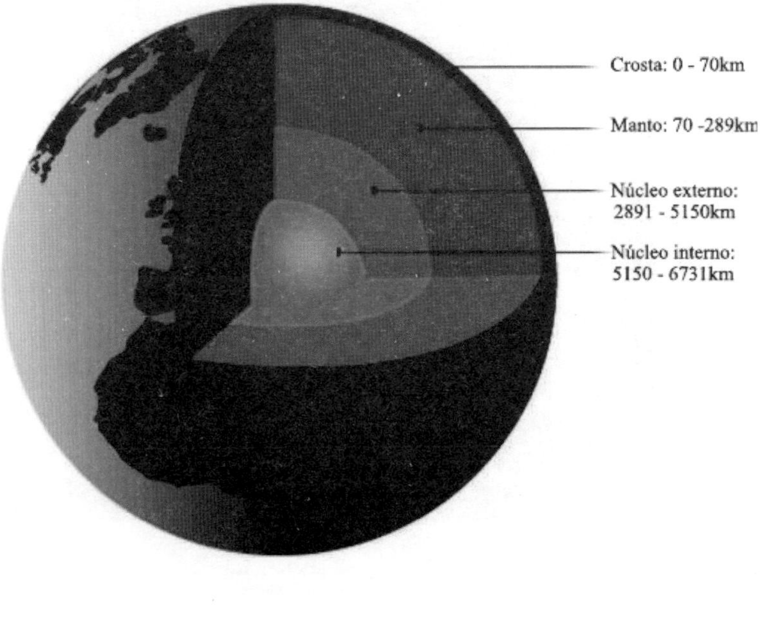

A crosta não chega a atingir 100 quilômetros de espessura, mas o manto, que contém 80% do volume do planeta, chega a quase 3.000 quilômetros.

A composição do interior da Terra é investigada indiretamente por meio das ondas sonoras, pois não é possível perfurar além de 15 quilômetros. Sabe-se, então, que nosso planeta é 35% ferro, 30% oxigênio e cerca de 15% de silício e magnésio, com densidade média de 5.5 ton/m³, sendo 3.0 na superfície e 8.0 no núcleo.

A crosta terrestre pode chegar a 1.000° C, com as lavas vulcânicas; o manto profundo está a 2.000° C, mas o interior terrestre é terrivelmente quente, a 4.000° C. O manto superior onde está o magma é mais fluido do que o interno e se movimenta sobre ele, exercendo a força que movimenta as placas tectônicas na crosta terrestre.

As placas tectônicas são porções da litosfera (camada externa da Terra), onde estão localizados os continentes e os oceanos. Essas placas se movem sobre a camada inferior mais fluida, chamada de astenosfera.

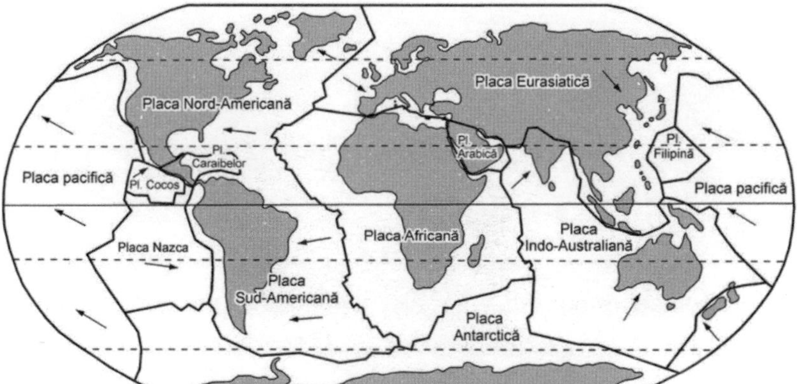

A camada da superfície terrestre é formada por sete principais placas rochosas rígidas, que mudam de posição e se encaixam como peças de um quebra-cabeça. A movimentação das placas tectônicas faz surgir as montanhas, quando uma placa empurra a outra.

Os movimentos das placas são responsáveis por vulcões, terremotos e tsunamis, assim como pela formação de continentes e mares, de cadeias de montanhas, por soerguimento, além de toda a paisagem que se situa sobre essas placas tectônicas.

As montanhas podem se originar de **falhas**, quando dois blocos rochosos colidem e um dos blocos acaba ficando soerguido em relação ao outro; e de **dobramentos**, a partir da ação de agentes internos de relevo, principalmente o movimento das placas tectônicas. O choque ou atrito entre dois blocos tectônicos gera o aparecimento de montanhas por causa do levantamento das áreas. Normalmente, chamamos de pedreira os restos de rochas montanhosas que sofreram erosão.

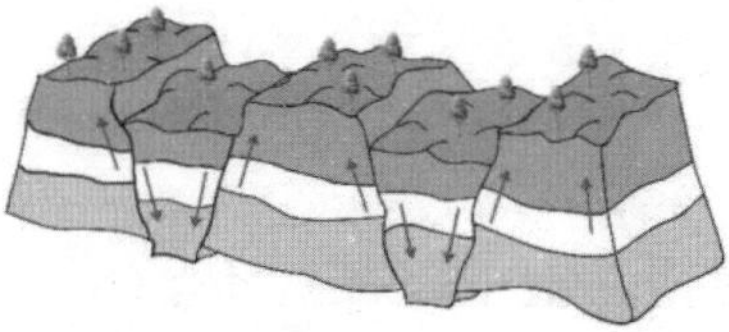

Montanhas por falhas

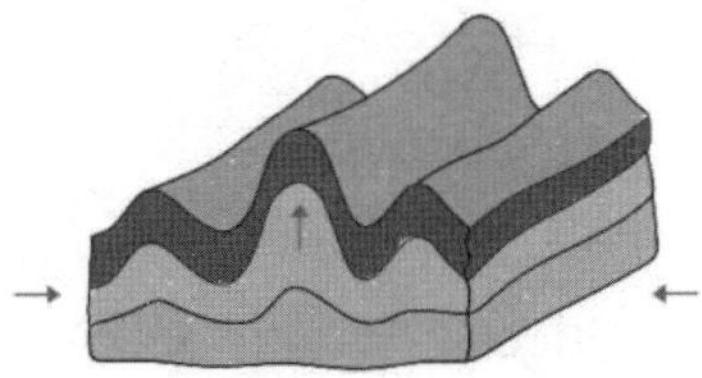

Montanhas por dobramentos

Quando um médium vai à Natureza e se coloca em sintonia vibratória com as energias elementais do local, seu corpo energético espiritual as absorve em grande quantidade e logo se reenergiza por completo. Há uma comunhão entre o fiel e sua divindade e, se o umbandista souber entrar corretamente nos campos vibratórios da Natureza e sair deles, os benefícios serão muito maiores.

Oroiná é a "Mãe Orixá geradora da parte feminina do fator ígneo, gerador do axé equilibrador. É a Mãe Geradora do Fogo Cósmico!"[6]

Existem formas corretas para se entrar no vórtice energético ou campo vibratório astral de cada um dos Orixás e sair dele, fundamentadas em seus magnetismos, vibrações, irradiações e mistérios.

6. SARACENI, Rubens. *Formulário de Consagrações Umbandistas: Livro de Fundamentos*. São Paulo: Madras Editora, 2023.

Para se entrar no campo vibratório de Mãe Oroiná, as montanhas e as pedreiras, é preciso saudar corretamente as forças e os poderes aí existentes.

Sugiro a leitura do livro Formulário de Consagrações Umbandistas: Livro de Fundamentos, para saber entrar nos campos vibratórios dos Orixás e sair deles, seus altares naturais no plano material.

Cada ponto de força da Natureza que se devasta é um vórtice que se fecha e deixa de nos beneficiar.

X – Oferendas

[...] o princípio criador (Deus) tem na energia (espírito) o seu polo positivo, e na matéria, o seu polo negativo.
(Rubens Saraceni)[7]

Uma oferenda é um ato religioso realizado no ponto de força de um Orixá, que irá fornecer ao espírito que trabalha com o médium um de seus axés, utilizado de imediato, ou posteriormente, em trabalhos dos mais diversos. E tem de ser entendida e respeitada como tal, pois no lado oculto e invisível sempre há uma divindade que nela atuará diretamente ou por meio de seus encantados ou de espíritos incorporados às suas hierarquias ativas (Rubens Saraceni).

Os pontos de força da Natureza são locais altamente magnéticos e irradiadores de energias e de princípios mágicos ativos, que tornam esses pontos agradáveis e capazes de regenerar nossas energias. Nesses locais, os Orixás que os regem recebem as oferendas elementares e respondem segundo o nosso merecimento.

7. Ver SARACENI, Rubens. *As Sete Linhas de Evolução e Ascensão do Espírito Humano*. São Paulo: Madras Editora, 2000.

Esses espaços são os altares naturais dos Orixás no plano material, onde devemos cultuá-los e oferendá-los, já que é neles que as energias elementais puras chegam até o plano material; é deles que os Guias Espirituais retiram e manipulam as energias que aplicam aos espíritos combalidos dos consulentes que afluem aos Templos de Umbanda nos dias de atendimentos espirituais.

Existe uma ciência espiritual, conhecida e dominada pelos espíritos mensageiros, que nos ensinaram a fazer oferendas às divindades naturais em seus santuários – Natureza e Templos. Esse mistério das oferendas é muito mais antigo do que qualquer religião.

O recurso do alimento consagrado, para a renovação da presença da Divindade no corpo do ser, é um procedimento realizado há tanto tempo que o lado etérico do nosso planeta já é alcançado por esse mistério – o mistério das oferendas sagradas. Plasmado no éter universal, o magnetismo flui e chega ao lado etérico, e nos envolve quando acessamos um poder nos pontos de força da Natureza, por meio de uma oferenda.

O Divino Criador estabeleceu uma Lei Divina que determina que todas as forças e os poderes (divinos, naturais e espirituais), corretamente invocados e oferendados, devem responder aos ofertantes atuando em seu benefício, conforme seus méritos e suas necessidades.

Uma oferenda é um portal de trabalho e de passagem para essas forças e poderes. É um espaço mágico que realiza ações, a partir do poder invocado e dos elementos regidos por cada divindade. Seres que não se posicionam corretamente diante dos mistérios divinos jamais serão atendidos, por mais que clamem, pois desconhecem certas nuances do Divino Criador no trato com suas Divindades. Qualquer elemento emite continuamente seus princípios mágicos, mas, no estado neutro, não tem atividade. Quando colocado em uma oferenda e programado com clamores, pedidos, orações, etc., chega ao poder invocado e retorna ao ofertante ou para quem foi pedida a ajuda, beneficiando-o.

Os Orixás e os Guias não necessitam comer, como pensam alguns. Um espírito ou encantado não precisa de alimento algum para si, nem mesmo da luz de uma vela. As oferendas na Natureza e os alimentos oferecidos e imantados durante as festas oferecem o que não existe no plano espiritual e está em abundância aqui, no plano material.

As frutas, por exemplo, fornecem energias que são armazenadas em frascos cristalinos no astral e se transformam em fontes inesgotáveis de um poderoso plasma energético, usado para curar espíritos e pessoas doentes, pois sutilizam os corpos energéticos deles, apenas lhes acrescentando uma energia mineral.

Para Mãe Oroiná, como já escrito, oferecemos, dentre outras, casca de laranja amarga, canela, semente de guaraná, folhas de limão. Cada fruta é uma condensação de energia e um composto energético específico no astral.

Essas fontes de energia formam reservas de compostos energéticos, plasmas astrais, usados pelos espíritos em missões socorristas ou curadoras, para a utilização dos corpos energéticos dos espíritos. Também são densificadoras dos corpos elementares dos seres encantados regidos pelos Orixás, que sofrem desgastes energéticos quando atuam em meios energéticos mais densos, que não são os seus.

Além disso, os espíritos que trabalham como curadores, junto aos enfermos encarnados e desencarnados, e os que atuam nas esferas mais densas, doam tanto de suas energias que sofrem esgotamentos e precisam descansar após socorros mais demorados, necessitando se recompor com essas reservas energéticas.

No capítulo inicial, dissemos que as cores de Oroiná são o laranja, o vermelho e o dourado. Suas pedras minerais são o topázio, a ágata de fogo e a calcita laranja; seu minério é a magnetita. Suas flores são a begônia, o girassol, flores do campo e flores vermelhas em geral. Suas ervas são: alecrim, alfavaca, raiz de açafrão, arruda, agrião, buchinha-do-norte, manjericão roxo, folhas de limão, de cânfora e de cenoura. Recebe também como oferenda o licor de menta. Todos esses elementos indicados podem ser utilizados na elaboração de suas oferendas e pedidos, que são recebidos nas montanhas e nas pedreiras, seus pontos de força.

Uma entidade pode pedir que os consulentes ou os médiuns façam oferendas para determinada(s) Divindade(s) ou para algum Guia Espiritual com diversas finalidades, como ajudar a pessoa que sofre por ações de magias negativas, ativadas contra ela com elementos, na matéria, para fortalecer o médium ou o atendido, para purificação, regeneração, energização, cura e reposição de cargas energéticas despendidas pelos Guias.

As velas que devem ser oferecidas para Oroiná são destas cores: laranja, vermelho e dourado. Nas oferendas em espaços mágicos circulares (de velas, bebidas, flores, frutos ou outros elementos), o centro é sempre o eixo, simbolizando o ofertante. O eixo da pessoa desequilibrada, após a limpeza e a regeneração de tudo e de todos ligados a ela, volta ao normal e fica alinhado.

As energias divinas têm dificuldade de penetrar em uma pessoa totalmente negativa, pois ela repele as vibrações divinas, que são verticais e sutis. O único jeito de acessar o espírito dessa pessoa é com o elemento, que é o condensador ideal, já que ela não repele a vibração elemental, pois esta é horizontal e tem frequência vibratória próxima da nossa.

Quando colocamos os elementos em oferendas na Natureza, pedindo auxílio aos Orixás e aos Guias, estamos acessando o plano espiritual, os domínios das Divindades Naturais dos vastíssimos Reinos da Natureza, e o Guia tem como trabalhar. Com elementos afins, é possível anular de fato ações mágicas negativas realizadas na matéria. Ativamos o poder da Divindade, no elemento correspondente a ela e a irradiação vai de frente para a pessoa. Assim, a Divindade diviniza o elemento e ativa seus princípios mágicos em benefício de quem está oferendando, devolvendo a carga energética de que ela está necessitando.

Também acontece de as entidades trabalharem tanto e protegerem seus médiuns que esgotam a própria carga energética. E como um Guia Espiritual não tira nada da matéria sem ser de um espaço mágico, ao arriarmos uma oferenda para um Guia Espiritual, no ponto de força de um Orixá, este irá fornecer ao Guia um de seus axés, para uso imediato ou posterior.

Com isso, tem permissão para se recarregar energeticamente. Tudo é apenas a absorção do poder ou axé da Divindade, por meio dos elementos. Tudo vem do Divino Criador, e amparando tudo estão os sagrados Orixás.

XI – O Poder Moderador de Mãe Oroiná

Os Orixás, assim como a ancestralidade divina que todos temos, são explicados pelos fatores de Deus, gerados na energia divina e que, após se unirem, formando estruturas muito bem definidas, reproduzem-se continuamente.

Anteriormente, falamos um pouco sobre os fatores de Deus, que são as energias irradiadas por Ele mesmo. Tudo tem início a partir dessas energias sutis geradas e emanadas por Olorum, que desencadeiam os processos de criação, originando os fatores divinos. Cada fator, ou menor partícula divina, tem uma função na criação.

Como já foi dito, cada fator contém em seu núcleo uma ação específica e é por meio dele que alcançamos nossas graças, dentro ou fora de um Terreiro de Umbanda. Para tudo que pode ser pedido existe um fator que pode atender; os fatores podem atuar de forma positiva (universal) ou negativa (cósmica).

Já vimos que os fatores são nomeados pelos verbos realizadores que os representam e são um universo grandioso. Quando criamos e damos determinação aos fatores, o fazemos de maneira livre, pois a divindade capta a real intenção do que ali está sendo verbalizado, por meio de seus mensageiros.

Xangô é a divindade gerada por Olorum na sua qualidade equilibradora, que mantém toda a criação divina em equilíbrio e harmonia. É a Divindade da Justiça e do Fogo, do equilíbrio, da razão e do juízo divino, que é em si mesmo a Justiça Divina que purifica nossos sentimentos com sua irradiação incandescente, abrasadora e consumidora das emotividades. Xangô é o calor, a energia vital para todos os sentidos da vida. O campo preferencial de Pai Xangô é a razão, despertando nos seres o senso de equilíbrio e equidade. Sua irradiação abrasadora e incandescente é consumidora das emotividades.

Oroiná é o fator equilibrador ígneo feminino, purificador; é a Mãe Divina responsável pela aplicação da Justiça Divina na vida dos seres e na criação. Essa Mãe ígnea, cultuada há milênios na Índia como Kali, tem por função aplicar a Justiça Divina com rigor na existência dos seres racionalmente desequilibrados. Ela é rigorosa, porém muito justa, amorosa e protetora. Sua principal atribuição está relacionada com o emocional humano; ela, com seu fogo divino, purifica os excessos de seres desequilibrados, desvirtuados e viciados.

Na Índia, Mãe Kali (Oroiná) é venerada como a Divindade da moderação e do equilíbrio. Por meio de seu fogo sagrado, ela purifica e modera os desejos e ânsias desenfreados, muitas vezes produtos da influência de seres trevosos em seu nefasto empenho de nos cooptar a seus macabros desígnios. Kali (Oroiná) é a poderosa aliada dos Sadhus e dos Brahmacharyas, devotos que renunciaram aos instintos mundanos, pois os purifica dessas ingerências, auxiliando-os na limpeza de seus campos etéreos, para que possam sempre manter o seu padrão vibracional elevado.

Cada fator contém em seu núcleo uma ação determinada e é por meio dele que alcançamos nossas graças, dentro ou fora de um Terreiro de Umbanda. Para tudo que pode ser pedido existe um fator que pode atender; os fatores podem atuar de forma positiva – universal – ou negativa – cósmica.

Kali, apesar da aparência de má em suas representações, como mãe devoradora, que exibe traços de morte e vingança, mostra a verdadeira força feminina, o lado subestimado da mulher, o amor e a delicadeza. Na Índia, é venerada pelos seus devotos como a mãe que lhes propiciará uma morte sem aflições e dores, além da libertação do ciclo das reencarnações. É considerada uma deusa da destruição e do renascimento. Para recomeçar, tudo precisa ser destruído.

Oroiná nos liberta dos instintos desenfreados e descontrolados, que inevitavelmente podem nos levar à loucura, aos vícios e às obsessões. Um orixá só atua na vida de uma pessoa quando ela age de forma passional e apresenta algum tipo de desequilíbrio ou excesso, que o fogo do orixá precisa erradicar, para conseguir eliminar e purificar.

As divindades naturais cósmicas, por meio de seus fatores reativos, atuam nos níveis negativos, para os quais são recolhidos os seres que se desvirtuaram, desequilibraram, negativaram, que regrediram espiritualmente.

Tais divindades são sóbrias, concentradoras, monocromáticas, ativas, implacáveis, rigorosas, intolerantes. Agem para esgotar os negativismos, descarregar os emocionais e reorientar as evoluções, criando novas condições de vida, em que possam despertar novamente as qualidades e os dons originais.

XII – Oroiná é Cósmica, Ativa e Atemporal

"...se recorremos às divindades hindus Agni e Kali, foi para mostrar como um mesmo elemento possui dois polos, duas naturezas, duas formas de nos alcançar e de nos estimular ou de nos paralisar; de acelerar ou paralisar nossa evolução; de estimular nossa fé ou de esgotar nossos emocionais desequilibrados."
(Rubens Saraceni)

Um mesmo elemento possui dois polos magnéticos, duas naturezas, duas formas de nos alcançar e de nos estimular ou de nos paralisar, de acelerar ou estagnar nossa evolução, de estimular nossa fé ou de esgotar nossos emocionais desequilibrados.

Como dissemos, no fogo, temos os Orixás Xangô e Oroiná. Ele é o fogo, calor, em seu aspecto positivo, e ela o é em seu aspecto negativo, cósmico, ou o fogo da purificação das ilusões humanas.

A ação fulminante de Mãe Oroiná, Kali-Yê, é cósmica e ativa, frequentemente invocada para desmanchar magias negras, ativadas contra os templos ou as moradas das pessoas.

Mãe Oroiná é o Fogo Divino da purificação das ilusões humanas. É o fogo consumidor das paixões humanas, é o raio rubro, o braseiro que queima. As energias incandescentes e flamejantes tanto consomem os vícios quanto estimulam os sentimentos de justiça.

O fogo é um elemento temido. Mãe Oroiná, a deusa Kali, na Índia, é uma divindade evitada e temida por todos os que desconhecem seu mistério. O fogo de Oroiná consome as energias dos seres apaixonados, emocionados, fanatizados ou desequilibrados, reduzindo a chama interior de cada um (sua energia ígnea) a níveis baixíssimos, apatizando-os, paralisando-os e anulando seus vícios emocionais e desequilíbrios mentais, sufocando-os.

Mãe Oroiná, irradiadora da chama cósmica e purificadora da Justiça

Divina, atua sobre os seres movidos por paixões avassaladoras e os incandesce até que comecem a consumir a si mesmos. Nos desequilíbrios mentais, Mãe Oroiná retira toda a energia ígnea do corpo energético do ser e ele se resfria de imediato. Ela rege o fogo cósmico da purificação dos ambientes religiosos, das casas, do íntimo dos seres e das injustiças, incandescendo os seres negativados; ela é em si o fogo cósmico que está em tudo o que existe, mas diluído.

Nossa Mãe do Fogo Oroiná se propaga cosmicamente e suas fagulhas ígneas começam a imantar tudo o que está desequilibrado, até que se forme uma condensação magnética ígnea. Aí surgem labaredas cósmicas que consomem os desequilíbrios, anulando sua causa e paralisando quem estava desequilibrado. Esse fogo de Oroiná tem o poder de purificar, de consumir tudo onde se condensou, e, em certos casos, fica apenas um vazio cósmico onde ele atuou.

As divindades têm uma função a realizar e nós sempre seremos beneficiários de sua atuação. Quando nos paralisam, também estão nos ajudando, pois estão evitando que continuemos trilhando um caminho que nos conduzirá a um ponto sem retorno.

Mãe Oroiná é Cósmica

Em todos os aspectos do Criador, da criação e das criaturas existem dois polos magnéticos. Como dissemos anteriormente, essa polaridade pode ser irradiante ou concentradora, expansionista ou contracionista, expansiva ou isolante, universal ou cósmica, passiva ou ativa, positiva ou negativa, masculina ou feminina, e assim por diante.

A ação fulminante de Mãe Oroiná é cósmica e ativa, frequentemente invocada para desmanchar magias negras, ativadas contra os templos ou as moradas das pessoas. Sua energia é abrasadora e consumidora das várias concentrações energéticas negativas, como miasmas, larvas astrais e formas--pensamento. Os devedores da Lei temem sua presença. Fogo: eis o mistério de nossa amada Mãe Oroiná, regente cósmica do Fogo e da Justiça Divina que purifica os excessos emocionais.

Mãe Oroiná é Ativa

Mãe Oroiná é uma divindade feminina, cósmica, atemporal, ativa e de magnetismo negativo, absorvente, dual e bipolar. É a energia que flui e, por seu magnetismo irradiador, ativa os seres, movimentando-os.

Seu campo preferencial de ação é o emocional dos seres que, ao receberem suas irradiações, aquietam-se, até que tudo passe por uma purificação completa de seus vícios e desequilíbrios mentais.

Naturezas positivas ou negativas, ativas ou passivas, correspondem a polaridades que alcançam todo o Universo, do Micro ao Macrocosmo. A natureza positiva é aquela em que a energia, desdobrada do polo positivo da energia divina, estabiliza e sustenta tudo o que é tangível aos nossos sentidos. A natureza negativa é aquela em que a energia é sinônimo de ação, movimento e instabilidade, não é tangível por nós, mas podemos senti-la e vê-la, por exemplo, os raios da luz solar.

Mãe Oroiná é Atemporal

Os mistérios e as Divindades de Deus atuam e se manifestam de modo atemporal ou temporal, em dimensões ou faixas vibratórias coexistentes em um mesmo espaço, separadas por diferentes escalas vibratórias e frequências, e distintos graus magnéticos e evolutivos.

Temporal é sinônimo de tempo. As ondas temporais seguem o ritmo da Criação e sempre avançam para os planos posteriores, seguindo seu fluir expansionista. São estáveis, permanentes, dão estabilidade a tudo e a todos, criando o ritmo, a cadência, a perenidade.

Todos os Tronos Universais são temporais. As divindades temporais se manifestam permanentemente com a mesma carga energética, pois são regidas por ciclos e ritmos da criação. Suas irradiações não se alteram nunca e sustentam a criação em sua totalidade. As divindades temporais são regidas pelo fator tempo e, em suas atuações, por meio dos ciclos e do ritmos da Natureza, regem a evolução da criação e dos seres. São estáveis e imutáveis.

As divindades atemporais não são regidas pelo fator tempo em suas atuações, não dependem do tempo nem são regidas por ciclos e ritmos da Criação. São Tronos Atemporais porque não atuam a partir de um ponto fixo ou de um ponto de força magnético. Elas, onde estiverem, se assentam e, ali mesmo, desdobram-se e começam a atuar. A intensidade e a carga energética de suas irradiações aumentam ou diminuem, conforme as necessidades do meio ou de um ser que nele vive. Se um ser estiver em desequilíbrio vibratório e energético em seu meio pode deixar de captar e ser beneficiado por tais irradiações. Todos os Tronos Cósmicos são atemporais, concentradores e ativos. Oroiná, a Senhora do Fogo, é regente cármica de uma linha cósmica e atemporal, o Trono Feminino da Justiça.

As ondas atemporais surgem em todos os planos da vida a partir de gigantescos vórtices energéticos, magnéticos e eletromagnéticos, e projetam-se para dentro do plano onde surgiram e também para outros planos da vida. São denominadas atemporais porque não seguem os ritmos e os ciclos da Criação, e tanto avançam para dentro do seu plano de origem, avançam na linha do tempo para os planos posteriores, quanto recuam nela para os planos anteriores. Essas ondas são instáveis, cíclicas e criam o movimento em cada um dos sete planos da vida, com alternância e transformação, criando o próprio tempo e seus ciclos.

Magneticamente falando, Mãe Oroiná é um degrau de natureza cósmica e ativa; é o Orixá Feminino que rege a Justiça, e purifica os seres de seus vícios e desequilíbrios.

XIII – Herança Genética Divina

*O processo gerador de espíritos é o mesmo,
embora cada um seja diferente e,
ao mesmo tempo, semelhante aos outros.*

(Rubens Saraceni)

Deus gera os seres de Si, em seu íntimo mais oculto ou "útero gerador divino", distingue-os com uma de suas qualidades, que os diferenciará e os "naturalizará" durante suas evoluções; magnetiza-os e coloca-os em uma de suas irradiações divinas, onde evoluirão e se desenvolverão, passando por diferentes realidades, reinos e domínios, até que tenham plena consciência de si mesmos e possam desenvolver suas próprias qualidades divinas.

A ancestralidade acontece no primeiro plano da vida, o plano fatoral, a partir do qual o código genético divino vai se abrir segundo uma sequência lenta e formar gradativamente o ser, no decorrer de sua evolução. Dentro de um único fluxo vêm consciências-seres com funções individuais ou pessoais, ou seja, funções individualizadas. A natureza individual em alguns seres é aquática, em outros é ígnea, telúrica, eólica, etc. Esses fluxos divinos são contínuos e as consciências adormecidas, quando amadurecidas, são expelidas como pequenos "ovos" de energias gelatinosas que, pouco a pouco, expandem-se e se tornam transparentes e luminosas.

Esse ser, imantado pelo mistério que o acolheu, quando alcançar uma conscientização plena sobre si, manifestará algumas das qualidades do seu mistério gestador, sustentador e amparador de sua evolução, como um dom pessoal. Com o passar do tempo, assumirá atitudes semelhantes às da divindade regente energizadora do seu mental, ligando-se mentalmente a ela por cordões que manterão um fluxo irradiador do seu mental e jamais se romperão.

O Orixá recessivo, que secunda nosso Ancestral, só participa de forma apassivadora de nossa natureza primordial. O Orixá Ancestral, Trono, é a nossa essência original, a nossa qualidade fundamental, e a ele continuamos ligados pelo "cordão da vida", um sutil cordão energético. E o Ancestral nos liga a Olorum, o Divino Criador.

Os seres divinos podem ser classificados em "classes", conforme os elementos: divindades aquáticas, telúricas, ígneas, eólicas, cristalinas, minerais e vegetais. E, em um mesmo elemento, cada categoria de seres divinos tem suas hierarquias puras, mistas ou compostas. Essa é a chave interpretativa da Umbanda que a diferencia de outros cultos afro-brasileiros e até de outras religiões.

Todo ser herda a qualidade divina imantada pelo fator predominante de seu Orixá Ancestral, sua divindade pessoal. Essa qualidade distinguirá sua natureza individual, sua herança genética divina, que em alguns seres é aquática, em outros ígnea, telúrica, cristalina, mineral, eólica ou vegetal.

Os Orixás possuem uma identificação associada aos quatro elementos básicos e aos três derivados. Os básicos são o fogo, a água, a terra e o ar; e os derivados são o vegetal, o mineral e o cristal. Esses sete elementos, essenciais para a sobrevivência do ser humano e do mundo, não surgiram por acaso, mas têm por trás de sua existência poderes divinos que os regem e graduam suas ações em nossas vidas.

A natureza que nos distingue se formou a partir da incorporação dos elementos que nos dão sustentação em nossa qualidade original. Assumimos as qualidades de nossos pais divinos e dos elementos que os diferenciam em orixás do ar, do fogo, dos vegetais, etc. Podemos dizer que as influências mais marcantes que cada ser traz em si são relacionadas aos elementos predominantes em seus Orixás Ancestrais, de Frente e Juntó. Uns são mais impulsivos (ar), outros mais exaltados (fogo), outros sentimentais (água). Alguns são práticos (terra), pensadores (cristal), harmoniosos (mineral), já outros solidários e expansores (vegetal).

ABSORÇÃO DOS ELEMENTOS					
ELEMENTO BÁSICO	**OPERA NO CAMPO**	**MAGNETISMO**	**ALIMENTA SENTIMENTOS**	**POUCA ABSORÇÃO NOS TORNA**	**MUITA ABSORÇÃO NOS TORNA**
Cristal	Religioso	Congregador	De Crença	Descrentes	Fanáticos
Mineral	Do Amor	Conceptivo, agregador	Amorosos, agregadores	Indiferentes	Passionais
Vegetal	Do Conhecimento	Expansor	Difusores do conhecimento	Limitados, desconhecedores	Verborrágicos , falastrões
Ígneo	Da Razão e da Justiça	Equilibrador mental	Racionais, justos	Com o racional paralisado	Emocionalizados e instintivos
Eólico	Da Lei ou Ordem	Direcionador	Mobilizadores e impositivos	Densos e bitolados	Excessivamente emotivos e aéreos
Telúrico	Evolução ou Saber	Estabilizador	Estáveis e evolutivos	Desestabilizados, muito liberais ou libertinos	Petrificados, conservadores e dogmáticos
Aquático	Da Geração ou Vida	Criativista	Geradores	Com falta de imaginação	Devaneadores

XIV – Hereditariedade dos Seres

Ao afinar-nos com as características de nossos Orixás, entramos em ressonância com eles.

As Divindades possuem cada qual suas qualidades divinas que os seres a eles consagrados reproduzem em sua hereditariedade, pois elas, segundo Roger Bastide, operam como "categorias lógicas".

Durante nossa existência material, trazemos características energéticas peculiares de nossos pais e mães divinos, porém, não recebemos influências apenas dos Orixás Ancestre, de Frente e Juntó, mas de todos os orixás, como se fossem amigos, parentes próximos ou professores que doam suas influências benéficas nos momentos decisivos de nossas vidas. Seus diferentes aspectos revelam como sentimos, compreendemos e identificamos a ação constante de cada um deles em nossas vidas.

Da mesma forma como duas pessoas do mesmo signo podem ter características diferentes, filhos do mesmo Orixá também não são iguais. Mas existem características comuns a eles. Assim como o estudo genético da hereditariedade material humana proporciona ferramentas importantes para o conhecimento do modo como são transmitidas as características biológicas de geração para geração, o estudo da hereditariedade divina nos indica como um espírito tem o seu magnetismo, a sua natureza, a sua personalidade e até mesmo o seu tipo físico delineados pelos fatores de Deus.

Logo, seja de que etnia for o ser, se foi fatorado por Deus em uma de Suas qualidades, sua natureza e sua ancestralidade divina são encontradas no Orixá que rege a sua coroa. O perfil psicológico de uma pessoa é delineado, dentre outros, por seu temperamento, sexualidade, grau de paciência ou agressividade. Quanto ao seu tipo físico, é demarcado por saúde, beleza, vigor, sensualidade, agilidade, potência e outras características.

Propomos que no estudo da hereditariedade divina dos espíritos humanos observemos, além da personalidade e do tipo físico, o perfil cognitivo, a capacidade de socialização, o pensamento, os conteúdos, as eventuais limitações ou perturbações, a estrutura intelectual, a capacidade de resolução de problemas da vida, a tomada de decisões e outros aspectos.

Já sabemos que o Orixá Ancestral rege o Alto, o de Frente rege a Direita e o Adjuntó rege a Esquerda; que o Alto é a imanência Divina, a Direita é a Onipotência e a Esquerda é a Onipresença; que do Alto Ele chega imperceptível, da Direita Ele chega como um poder e da Esquerda por meio da força.

Os **Orixás Ancestrais** permanecem sempre como espécies de âncoras, regendo as dimensões mais profundas da psique e estão ligados aos seres pelos seus mentais, indestrutíveis e eternos, pois não se alteram no ciclo das várias encarnações. Por isso, dizemos que eles se manifestam nos seres de dentro para fora e, praticamente, são os inspiradores de nossa **personalidade básica**, de nossa qualidade principal. Nossos Pais e Mães Ancestrais alcançam diretamente nossas consciências, elevando ou rebaixando os seus níveis vibratórios, e deles trazemos nossa natureza íntima.

Sabemos, ainda que, a cada nova encarnação, o ser será regido pelo **Orixá de Frente**, auxiliado pelo Orixá Adjuntó, os quais o guiarão em sua vida na carne; deles, o encarnado absorverá e desenvolverá algumas das faculdades que o regem. O Orixá de Frente, regente da encarnação, atua com a finalidade de abrir as faculdades mentais do ser, amparando-o no **despertar de uma consciência** afim com suas necessidades ou deficiências conscienciais. Também essas Divindades, que nos amparam na encarnação, criam em nós condições para a transmutação dos nossos sentidos, transpondo nossas tendências negativas para positivas, ou seja, monitorando nossa evolução ou jornada para o interior do Divino Criador. O Orixá de Frente direciona o campo dos conhecimentos que devem ser absorvidos na encarnação, e que estarão mais em evidência no comportamento e arquétipo dos(as) filhos(as).

O **Orixá Adjuntó** é o auxiliar do Orixá de Frente que equilibrará e atuará por meio do emocional do ser, ora o estimulando, ora o apassivando, para que ele não se descaracterize, tornando-se irreconhecível ao Trono hereditário regido pelo seu Orixá Ancestral, por estar fora do seu padrão original. O Orixá adjunto é o equilibrador do emocional e, juntamente a todos os outros, forma uma configuração propícia para a encarnação. O **Orixá de Frente e o Orixá Juntó**, com nossa hereditariedade material humana, delineiam, também, as nossas **características físicas**.

Se a pessoa tiver o triângulo divino corretamente identificado, a leitura das características dos Orixás e das suas filiações será de grande valia, para que cada um possa entender suas dificuldades e fraquezas, bem como seus pontos positivos, e trabalhar no sentido de melhorar a qualidade de suas vidas e de sua evolução. Conhecendo o nosso triângulo divino e o perfil psicológico dos filhos dos Orixás, poderemos trabalhar em nós o que está diferindo da qualidade de nosso ancestral, o que precisamos melhorar e desenvolver na atual encarnação e onde buscar nosso equilíbrio.

Se tivermos identificado apenas o Orixá de Frente e o Orixá Adjuntó, também será possível trabalharmos os nossos pontos fracos nesta vida e retomarmos nossa evolução, pois o Divino Criador colocou à nossa disposição recursos suficientes para vivermos em paz e harmonia com o todo, o Universo palpável e sensível.

XV – Filhos de Oroiná

O elemento fogo é responsável pelo temperamneto fogoso e sanguíneo, pela impulsividade, hiperatividade e autoritarismo das filhas de Oroiná.

Oroiná é pouco cultuada nos cultos tradicionais, porque restam poucos filhos e poucas de suas filhas ainda encarnadas e, também, porque poucos sacerdotes sabem como assentá-la e tratá-la segundo a antiga tradição. Por ser uma Orixá Justiceira, ela não admite que sacerdotes despreparados ou desconhecedores dos seus sagrados fundamentos lidem incorretamente com seus mistérios.

As filhas ancestrais de Oroiná são extrovertidas e têm excelente comunicação verbal. São confiantes, decididas, inovadoras, de forte personalidade e capacidade de conquistar metas; são sociais e preocupadas com tudo o que acontece. Não há nada que lhes dê mais prazer e satisfação do que uma conversa animada e desafiadora.

Por serem imaginativas e criativas e terem sua personalidade dominada pela intuição extrovertida, seus caminhos por vezes são escolhidos muito mais pela paixão do que pela reflexão. Porém, têm enorme facilidade para perceber o que a alma de uma pessoa esconde sob sua camada externa. Têm respeito especial por criaturas que consigam encará-las e discutir seus pontos de vista com persuasão.

Na estrutura psicológica das filhas ancestres de Oroiná, a **intuição** é a função dominante, o que faz com que suas filhas assimilem as informações pela experiência não racional, isto é, por processos inconscientes que se sobrepõem à dúvida ou à análise do que se experimenta. Elas sentem as experiências da vida por meio de um conhecimento inerente, de uma percepção clara e imediata, ou *insights*, não pelos sentidos.

O **pensamento** e o **julgamento** são as funções secundária e terciária. Para as filhas de Oroiná, o pensamento é a maneira opcional de julgar e tomar decisões de modo mais objetivo e reflexivo, pesando os prós e os contras, valorizando um padrão para todos, a lógica e a justiça. Pensam especulativamente, o que significa que têm hiperenergização no elemento fogo. A função reprimida é o **sentimento**. Podem ser amigas e conselheiras, mas guardam para si as emoções e as mágoas, e protegem-se para não serem dominadas.

Filhas e Filhos de Oroiná, em Geral

Filhos de Oroiná são pessoas impulsivas, movidas pela vontade de corrigir e reparar o que julgam errado. Possuem gênio forte, não são facilmente persuadidos e adoram se comunicar.

Esses filhos e filhas não suportam a monotonia, mas também não podem viver sem o conceito de lar em suas vidas. Eles querem sair, mas precisam saber que há um lugar aconchegante para onde voltarem.

Essas pessoas não conseguirão conviver com alguém preguiçoso e que não possua uma conversa inteligente.

Considerando que as características físicas são delineadas pelos Orixás de Frente e Juntó, juntamente à hereditariedade material humana, as filhas de Oroiná, de Frente e Juntó, em geral são longilíneas, magras e ágeis, com estatura mediana ou alta. São vivas, ativas, emotivas, impulsivas, reparadoras, faladoras e geniosas. Não costumam dar muita atenção aos recados do corpo, não levando em conta quando estão famintas e cansadas. Gostam de se vestir bem, com roupas coloridas ou cores fortes e berrantes.

Na tomada de decisões, as filhas e os filhos de Oroiná, graças à predominância do elemento fogo, agem com grande impulsividade, tendem a ser rápidos e, facilmente, pesam todos os prós e os contras de maneira comparativa com o que já viveram e experimentaram. São pessoas pragmáticas, organizadas, com parâmetros básicos nas ideias e regras, e têm princípios práticos e objetivos. Ficam mais felizes depois que as decisões já foram tomadas.

Sentem prazer em enfrentar os riscos e os desafios da vida, por causa de sua natureza belicosa. Costumam ir à luta diante dos tropeços e das dificuldades dos acontecimentos. O elemento ígneo de Mãe Oroiná faz com que seus filhos sejam independentes, estratégicos, sinceros, criativos, adaptáveis e desafiadores. São verdadeiros vulcões prestes a entrar em erupção.

Percebem o mundo de forma diferente, por processos inconscientes já vividos e, dessa maneira, analisam intensamente os objetivos a serem alcançados. Para eles, em geral, é mais importante o resultado do que a experiência em si; usam o intelecto para realizar conclusões lógicas. São analíticos, imaginativos, inteligentes, engenhosos e questionadores, racionais, equilibrados, ponderados e justos, apesar de impulsivos.

As filhas e os filhos de Oroiná gostam de utilizar suas energias externamente; são muito belicosos, apreciam as reuniões direcionadas, como as de estudo, orações e política. São energizados quando interagem com outras pessoas e com o mundo. Apesar de não estarem naturalmente em sintonia com os sentimentos das criaturas, essas filhas e esses filhos têm momentos sentimentais muito fortes, como as conversas reservadas e os espetáculos emotivos, mas tentam escondê-los por acharem que sejam fraquezas. Com isso, podem tirar conclusões com base em seus valores pessoais e se prenderem a emoções reprimidas, infundadas e inapropriadas, causando problemas a si mesmos.

Adoram interagir com as pessoas, porém, apreciam a companhia de pessoas passivas, gostam de passear e não suportam o isolamento do lar. As filhas não apreciam homens presunçosos, arrivistas, festas monótonas, conversas tolas, comidas sonsas e bebidas adocicadas.

É possível que a filha e o filho de Oroiná coloquem bastante ênfase numa boa educação e estruturação de seus filhos, e que apreciem um relacionamento de afinidade e devoção ao parceiro ou à parceira. Porém, tal como no trabalho, em casa precisa estar no comando.

As filhas e os filhos de Oroiná são pessoas empreendedoras ou que estão nas frentes das batalhas, têm linhas lógicas de raciocínio, como os militares estrategistas, os executivos, os professores e outros. O pensamento lhes diz o que existe e são líderes natos, pois sua motivação interna é acompanhada pela capacidade de captar noções complexas com rapidez, absorver informações e tirar conclusões decisivas. Agem sempre com base em fatos do passado para planejar o futuro, segundo sua intuição e orientação fundamentada e lógica. Focam suas carreiras e se encaixam no mundo corporativo com naturalidade. São ótimas pessoas na resolução de problemas, na tomada de decisões, no gerenciamento de projetos, em direcionamento, controle, organização e planejamento.

Preocupam-se muito com o futuro. O que está para acontecer lhes parece mais real do que o que está sucedendo agora ou sucedeu no passado.

São indivíduos observadores, autoritários e diretos, mas extremamente lutadores quando em busca do que desejam. Gostam de ter uma bela residência, bem mobiliada, funcional e eficiente, mas não ficam em casa, vão à luta e conquistam o que querem. Não têm paciência com pessoas ineficientes nem admitem erros. Caso não desenvolvam o lado sentimental, filhas e filhos de Oroiná terão dificuldade em oferecer a intimidade de que as pessoas necessitam. Não admitem erro em seu universo, chegando a ser brutos e sem tato. Podem ser muito ciumentos e até coléricos e cruéis. Se não tomarem cuidado, podem se tornar mães, pais ou cônjuges arrogantes. Como sua carreira é seu foco principal, podem estar física e mentalmente quase sempre longe de casa e encontrar problemas. Não costumam estar em sintonia com os sentimentos das pessoas e acham que não devem tecer conclusões com base neles.

O grande poder pessoal e de presença da filha e do filho de Oroiná, que os impulsiona no cumprimento de suas metas, também pode ser um agente de alienação e de autoengrandecimento. Suas dificuldades em reconhecer o valor das opiniões das pessoas e ter sentimentos para com elas podem lhes causar grandes transtornos, tanto na vida familiar e social como no ambiente de trabalho.

No negativo, com sentimentos à flor da pele, filhas e filhos de Oroiná são excêntricos, orgulhosos, egoístas, calculistas, briguentos, intrigantes, insensíveis, teimosos, mesquinhos e vingativos. Receiam permitir que as emoções lhes virem as cabeças. Caso não transmutem esse "instintivismo primitivo" em sensos positivos, podem se tornar possessivos, opressores, intransigentes e intolerantes com o semelhante e consigo mesmo, até fracos. Tudo tem de ser para eles e por eles, senão sentir-se-ão preteridos e injustiçados.

Querer intimidar ou dominar as pessoas e melhorar o que não precisa ser melhorado são tendências das filhas e dos filhos de Oroiná. Estão sempre à espreita de novas oportunidades e entendiam-se com as questões do dia a dia que, para eles, tomam proporções e dificuldades maiores do que para as outras pessoas. Para eles, a verdade é importante; gostam de refletir, para compreender o mundo natural em toda sua complexidade. Querem aprender os princípios abstratos ou as leis naturais que explicam a realidade e descobrir os sistemas complexos do mundo, sejam eles orgânicos, sociais ou mecânicos. Mas podem oscilar entre momentos de medo e de completo destemor. Gostam de competir para ganhar.

Podem ser vistos pelos outros como pessoas grossas, impacientes, frias, agressivas, impessoais, pouco práticas, arrogantes, irrealistas, intolerantes e frívolas, despóticas, insensíveis, mesquinhas e egoístas.

Para estar em sintonia com o padrão original do Ancestral e dos Orixás que os regem de Frente ou como Adjuntó, os filhos e as filhas de Oroiná, com sua natureza belicosa e equilibradora, devem trabalhar positivamente suas dificuldades ou perturbações, assim como suas limitações, sempre tendo como parâmetros a observação, o equilíbrio, a reflexão, a imparcialidade, desenvolvendo a modéstia, a persistência, o aprendizado, a curiosidade, a paciência, a tolerância, a constância e a prudência.

XVI – Guias Espirituais na Irradiação de Mãe Oroiná

Da mesma forma que poucos são os filhos de Oroiná, poucos são os Guias Espirituais na força dessa Mãe Orixá.

Oroiná (Kali-yê), o fogo purificador, é o trono consumidor dos vícios e dos desequilíbrios; ela é o fogo da purificação. Seu fator ígneo consome tudo. Retira o calor de tudo, resfriando o objeto sob sua atuação, paralisando os desequilíbrios. É a labareda cósmica, a chama solar que consome todos os elementos em sua massa incandescente.

São guias espirituais na força de Mãe Oroiná: Caboclos e Caboclas Chama Dourada; Caboclos e Caboclas do Fogo; Caboclo Mata de Fogo; Caboclo do Fogo (Xangô e Oroiná); Caboclo Pedra de Fogo (Oxalá, Xangô e Oroiná); Caboclo Folha de Fogo (Oxóssi, Xangô e Oroiná); Caboclo Sete Pedreiras (Oxalá e Oroiná); Pombagira do Fogo; Pombagira Fogueteira (Oroiná e Iansã).

Oroiná Rege a Linha dos Ciganos

O fogo atrai os ciganos qual ímã, sendo para eles um elemento indispensável, tanto em seu aspecto material quanto em seus fundamentos etéricos. Os fogões permanecem sempre acesos, além de realizaram suas festas e rituais ao redor de belas fogueiras.

Nada mais significativo em um acampamento do que se sentar ao redor de um bom fogo "yog", com a chaleira de ferro silvando, pronta para preparar incontáveis xícaras de chá forte. Ao redor da fogueira, dançam, conversam sobre o ocorrido durante o dia, sobre fatos assombrosos, lendas tradicionais ciganas, etc.

Costumamos, em nosso Templo, trabalhar a Linha dos Ciganos sustentada por Mãe Oroiná, Kali-yê, o fogo purificador. Entre os ciganos terrestres, muitas consagrações e imantações de ferramentas são realizadas no elemento fogo, e a maior parte de suas atividades ocorre ao redor de fogueiras. Há Guias Espirituais Ciganos que trabalham determinadas questões dos consulentes com o fogo, ateado em uma cumbuca de ferro com álcool.

XVII – Pontos Cantados para Mãe Oroiná

Todos os pontos cantados citados são de autoria de Mãe Lurdes de Campos Vieira. Podem ser encontrados no YouTube, em Lurdes de Campos Vieira, mãe Lurdes de Campos Vieira e Luci Rosa.

Fogo Sagrado

Divina Mãe Oroiná,
Mãe Kali, venha nos ajudar,
iluminando nossos caminhos,
purificando nosso congá.

Ó Mãe do Fogo, nos aqueça em seu calor,
fogo sagrado nos ampare em seu amor!

Espada Flamejante

Ó luz do Oriente, que ilumina,
Chama viva que consome,
Raio rubro abrasador,
Espada flamejante da justiça,
Que dá força e que sustenta nossa chama interior!
Mãe Kali! Vibre em nós sua espada

E nos torne chamas vivas do Divino Criador!
Mãe Kali! Vibre em nós sua espada
Nos deixe purificados, transbordando muito amor.

Bater Cabeça para Mãe Oroiná

Hoje é dia de alegria, hora de saudar Oroiná,
Filho vai bater cabeça, peça para se purificar.

Oroiná, Kali-yê, ó chama do Criador,
Nos cubra com seu axé, fogo sagrado abrasador! (bis)

XVIII – O Conhecimento dos Orixás e a Quebra das Couraças

Freud afirmava que o instinto de vida (Eros) e o instinto de morte (Thanatos) estão sempre em conflito no ser humano, sendo este último igualmente inerente à natureza do homem e, portanto, inevitável.

Wilhelm Reich dedicou sua vida a demonstrar que o princípio de autodestruição (pulsão de morte ou Thanatos) não era inerente à natureza humana, como pontuava Freud, mas decorrente de condições sociais e, portanto, passível de ser erradicado do corpo e da alma. Para ele, nem haveria o instinto de morte e o ser humano pode ser efetivamente libertado. Observou que todos os bloqueios e as repressões de caráter emocional e sexual plasmam-se diretamente no corpo por meio da rigidez muscular.

Desde a década de 1930, Reich se empenhou na desobstrução e na libertação das amarras do corpo, nas regiões de repressão e angústia que formam a couraça muscular, assim denominada por ele. Ele notou que cada emoção estrangulada se manifesta fisicamente por meio de rigidez. A emoção é detida, aprisionada na tensão do corpo.

Reich descobriu que apenas com a liberação da emoção reprimida, a tensão crônica correspondente poderia desaparecer por completo. Portanto, prisão do corpo ou prisão da alma, basicamente, eram a mesma coisa, duas faces de uma mesma moeda.

Wilhelm Reich introduziu o conceito de "couraça" para definir a estrutura psicopatológica do homem atual, que cria um encouraçamento contra a natureza dentro de si e contra o mundo social que o rodeia. Esse encouraçamento do caráter é a base da solidão, do desamparo, do medo da responsabilidade, da angústia mística, do vazio espiritual, da contenção sexual, do conformismo social, assim como de uma resignação artificial e doentia. Os seres humanos têm adotado uma atitude hostil quanto ao que está vivo dentro de si. Muitos engendram grilhões inquebrantáveis em suas mentes, tornando-se prisioneiros de si mesmos.

Conhecer os respectivos Orixás que nos regem é um importante passo não apenas para o autoconhecimento, como também para a quebra dessa couraça, muitas vezes imposta pelo meio, pela educação errônea ou pela pressão social. O ser pode acabar criando não somente couraças contra sua verdadeira personalidade, mas também máscaras sociais que o transformam num pobre ator que representa um triste papel, que o desvia de sua verdadeira essência. Essas couraças são responsáveis até pela esquizofrenia dos que se negam a encarar sua real personalidade e, vulneráveis e condicionados, transformam-se em zumbis que vagam sem destino, condenados a psicopatologias profundas e à total alienação.

O conhecimento dos Orixás que nos regem e nos moldam o caráter pode ser um decisivo passo para a quebra dessas couraças e o desmantelamento dos grilhões interiores.

Estudando a couraça muscular repressora, Reich concluiu que ela está organizada em sete principais segmentos de armadura. Esses segmentos formam uma série de sete anéis mais ou menos horizontais, em ângulos retos com a espinha e o torso. Os principais segmentos da couraça estão centrados nas seguintes regiões: olhos, boca, pescoço, tórax, diafragma, abdome e pelve.

A energia biológica orgônica deve fluir naturalmente por todo o corpo, de cima a baixo, paralela à espinha. Contudo, os anéis da couraça, colocando-se em ângulo reto com este fluxo, o interrompem. Reich afirma que não é por acaso que na cultura ocidental aprendemos a dizer sim movendo a cabeça para cima e para baixo, na direção do fluxo de energia do corpo, enquanto aprendemos a dizer não movendo a cabeça de um lado para o outro, na direção transversa da couraça. Assim, a couraça acaba restringindo tanto o livre fluxo de energia como a livre expressão de emoções do indivíduo. O que começa inicialmente como defesa contra sentimentos de tensão e ansiedade excessivos torna-se uma camisa de força física e emocional.

Reich, embora como cientista e materialista tenha vislumbrado a energia etérea (axé), denominando-a energia orgônica, estabeleceu um sistema terapêutico de irradiá-la aos seres carentes dela por meio de aparelhos e práticas de rompimento das couraças corporais.

Terapeutas neorreichianos-umbandistas aliam as revolucionárias teorias de Reich à poderosa terapia espiritual umbandista. A energia etérea (axé), embora ainda não detectada pela ciência, é uma forma sutil de energia que se encontra entre a matéria e o astral. É o akasha indiano, o quinto elemento que nos descreveu Platão em seu diálogo Timeu.

Reich foi um visionário, pontuando a importância vital da energia orgônica para o ser humano, e tentou irradiá-la aos pacientes por intermédio dos acumuladores por ele inventados.

Na Umbanda, acreditamos na existência de uma realidade ou dimensão espiritual, umbilicalmente ligada ao plano físico e ao nosso corpo biológico. Sabemos que essa energia orgônica, que para nós é o axé, não se irradia mediante aparelhos miraculosos, mas por meio dos passes e das imantações oferecidos por nossos Guias Espirituais e Orixás. A Umbanda, como todas as tradições, imanta-se dessa poderosa e positiva força vital que, segundo Reich, desarticularia toda psicopatologia humana.

As couraças reichianas vão além das tensões corporais materiais. Muitas vezes, são causadas por cordões astrais, entrelaçados no consulente por seres trevosos e obsessores que aprisionam seu corpo e alma, sendo desatados e cortados nos precisos procedimentos dos nossos queridos guias:

> "Os sentimentos negativos que o ser vibra são tão fortes que podem corroer o corpo espiritual ou atrair para ele tantas cracas, miasmas, crostas, ovoides e criaturas parasitas que dele se alimentam. Também podem ter suas energias sugadas por meio de cordões.[8]

Essas amarras não apenas travam o corpo, a alegria e a sensualidade do vitimado, como também sua própria vida. A terapia umbandista desarticula as nossas couraças espirituais e as couraças dos consulentes.

---

8. VIEIRA, Lurdes de Campos. *Sermões de um Mestre Pena Branca.* São Paulo: Madras Editora, 2011.

A Importância do Fogo em Nosso Organismo

O Fogo, ao mesmo tempo que é símbolo da divindade e das chamas do inferno, dos quatro elementos da Natureza é o mais sutil. É o único com o qual o ser humano não pode ter um contato direto.

O elemento Fogo ativa e dá vida à combustão; traduz calor, vitalidade, força de vontade, ação. Simboliza, na medicina chinesa, o exercício da vontade, a energia Yang, no seu estágio mais radiante e expansivo, fase representada pelo verão e pelo meio-dia.

No corpo humano, os órgãos e as funções que representam o elemento fogo são o coração, o intestino delgado, a vesícula, o pericárdio (circulação e sexualidade) e o triplo aquecedor. O Fogo acolhe a urgência por movimento e envolvimento, e dá razão de viver, consciência e autoestima.

O Fogo, além de estar relacionado ao coração, ao intestino delgado, ao pericárdio, ao sistema circulatório e ao verão, está associado à alegria, ao sabor amargo e ao tato. O crescimento excessivo e desordenado do Fogo do Fígado causa irritabilidade, explosões de raiva, rubor facial, tontura, tinido e cefaleia.

O coração não está totalmente solto em nosso tórax. Para manter a sua posição ideal e bater de forma eficiente, ele é revestido por uma membrana chamada pericárdio, que o envolve e lhe confere estabilidade e as raízes dos grandes vasos sanguíneos. O pericárdio restringe o coração à sua posição no mediastino, embora permita suficiente liberdade de movimentação para contrações vigorosas e rápidas. Outra função importante do pericárdio é produzir uma pequena quantidade de líquido que fica entre o coração e a própria membrana. Esse líquido tem como objetivo reduzir o atrito das batidas do coração.

O triplo aquecedor é um meridiano na Medicina Tradicional Chinesa, estreitamente relacionado com vários órgãos e vísceras do corpo, agindo para a proteção e a gestão destes, acoplado à circulação e ao sexo. Seu antecessor é o circulação-sexo do relógio orgânico; e seu sucessor é a vesícula biliar.

No meio científico, o estudo das doenças psíquicas tem tido muita relevância, especialmente o tratamento holístico dessas enfermidades, dentre as quais a depressão vem ganhando destaque. No Ocidente, os casos aumentaram significativamente abrangendo todas as faixas etárias, por vários motivos, dentre os quais o ritmo de vida acelerado das pessoas e o empobrecimento das relações interpessoais.

Porém, o termo depressão não deve ser usado para definir qualquer estado afetivo normal, como a tristeza, que muitas vezes é resposta de situações de perda, desapontamento, derrota, o que não caracteriza o quadro depressivo propriamente dito. Faz-se necessária uma compreensão desse transtorno psíquico e de suas principais características, para diagnosticá-lo.

Existem 350 milhões de pessoas que sofrem de depressão no mundo, segundo a Organização Mundial da Saúde (OMS). O quadro depressivo pode ser de longa ou curta duração, único ou recorrente. Na sua forma mais grave, pode levar ao suicídio.

Conforme a Classificação Internacional de Doenças (CID 10), em um quadro depressivo típico, o paciente apresenta um rebaixamento do humor, redução da energia e diminuição da atividade (atuação nos músculos). Há uma alteração da capacidade de experimentar o prazer, com perda de interesse, diminuição da capacidade de concentração, em geral associadas à fadiga importante, mesmo após um esforço mínimo, além de, em geral, apresentar problemas do sono e diminuição do apetite. Quase sempre, há uma diminuição da autoestima e da autoconfiança e, frequentemente, mesmo nas formas mais leves, ideias de culpabilidade e/ou de indignidade.

O humor depressivo varia pouco de um dia para outro ou segundo as circunstâncias, e pode vir acompanhado de sintomas ditos "somáticos", como a perda de interesse ou prazer; o despertar matinal precoce, com várias horas antes da hora habitual; lentidão psicomotora importante; agitação; perda de apetite; perda de peso; e perda da libido.

Os chineses antigos não tinham conhecimento tecnológico nem estudos bioquímicos e microscópicos, mas deram grande importância às emoções como os fatores mais importantes na causa das patologias. Por isso, para a Medicina Tradicional Chinesa, a depressão não é vista como uma categoria de doença, mas como um desequilíbrio energético, que, dependendo dos sintomas apresentados pelo indivíduo, pode se enquadrar em um ou mais padrões de desequilíbrio/desarmonia.

Os chineses chamam a depressão de abatimento ou de padrão de depressão. Esses significados levam ao entendimento desse quadro como uma estagnação, que quase sempre é a causa para o desequilíbrio energético. Os sinais e os sintomas do quadro depressivo podem estar associados a quadros de deficiência, desarmonia ou estagnação de energias, principalmente do fígado e da vesícula biliar, do baço e do coração.

O fígado é o responsável pelo livre fluxo das emoções. A deficiência e a estagnação de energias no fígado levam à falta de planejamento, às decisões insensatas e à incapacidade de habilidades para reverter situações de conflito.

A deficiência de energias do fígado e da vesícula biliar leva à dúvida sobre si mesmo, à incerteza, à insegurança, à suscetibilidade e à hipersensibilidade, além de um sentido muito limitado de si. A estagnação de energias do fígado provoca frustração, bloqueamento das circunstâncias, aversão em ficar parado, zanga, mau humor, irritabilidade, ansiedade, frustração e tensão pré-menstrual (TPM). Fogo no fígado é raiva, ora reprimida, ora expressa; agressividade.

A **depressão fogo** envolve problemas afetivos ligados à rejeição e a desapontamentos em relacionamentos interpessoais, como a falta de alegria de viver, pouco entusiasmo, pouco interesse, falta de inspiração e de capacidade de julgamento equilibrado. Esse tipo de depressão é acompanhado por uma frieza e distância do paciente no que concerne aos novos relacionamentos. Eram pessoas quentes e sensíveis, que se tornaram frias e apáticas ou, ao contrário, excessivamente agitadas e hipersensíveis. Em casos muito extremos, esse tipo de depressão pode gerar comportamentos maníaco-depressivos, maníaco-sexuais e a perda total da razão – a loucura.

Se nos tornamos "irracionais", passionais e desequilibrados, devemos clamar à Oroiná, de maneira adequada. Assim, seu fogo divino e purificador atuará em nossa vida, consumindo todo excesso ou trazendo o que nos falta, deixando-nos no equilíbrio perfeito. Oroiná é a orixá do fogo purificador. Ela consome todo desequilíbrio emocional que esteja atuante em alguém ou em um local. Ademais, a acupuntura é excelente como tratamento complementar na depressão.

O Poder das Pedras (Minerais)

Quando seguramos, carregamos conosco ou meditamos com uma pedra, matéria, espírito e alma podem revelar-se para nós, pois as pedras são ferramentas perfeitas para essa proximidade. É questão de perceber.

Nas Considerações Iniciais, dissemos que as pedras minerais de Oroiná são o topázio dourado, a ágata de fogo e a calcita laranja, e que seu minério é a magnetita. São minerais ligados ao elemento fogo.

O **topázio dourado** atua no chacra solar, e manifesta vontade, intenção e desejos pessoais. Ajuda a melhorar a criatividade, a vontade pessoal e a habilidade para manifestar os desejos pessoais, alinhados ao plano divino; é apropriado para o caminho mais elevado do indivíduo. Ele limpa e ativa o segundo e terceiro chacras, estimulando a pessoa a dirigir suas próprias energias e ações. Ajuda a esclarecer as intenções, a focar pensamentos, energias e ações, ensinando a importância dos limites, para não dizer uma coisa e fazer outra.

A **ágata de fogo** parece labaredas ígneas, e está ligada à vitalidade, à sexualidade, à criatividade e à vontade. Atua no chacra sexual, criativo, e no plexo solar. Ela é um remédio ideal para aquelas pessoas com baixa energia e que desejam evitar as dificuldades dolorosas e desordenadas da vida, alienando-se da realidade. Ajuda a despertar os chacras inferiores e enche a pessoa de entusiasmo pela vida, ativando os sentidos e acendendo os fogos interiores da força da existência, a sexualidade, a criatividade e a vontade.

A **calcita laranja** tem efeitos semelhantes, atuando no chacra sexual e no plexo solar, ajudando a mobilizar os recursos e as energias para todos os tipos de atividades, especialmente as ligadas à criatividade e à sexualidade. Ela coloca as energias em movimento, possibilitando a criação de novas estratégias para projetos parados e dilemas persistentes. Pode ser um afrodisíaco mineral.

XIX – Meditação no Poder e na Força de Mãe Oroiná

Os rituais da Umbanda são de natureza magística, iniciática e religiosa e, por trás de tudo e de todos, estão os sagrados Orixás, mistérios que estão na Natureza, em nós, em todas as coisas e em todas as pessoas.

A meditação é um procedimento que nós, médiuns ou não, temos à nossa disposição, a qual nós podemos realizar em casa, para nos ajudar a iniciar o destravamento das nossas couraças e aliviar os nossos sofrimentos. Casos graves precisam do auxílio dos Templos Umbandistas e dos Guias Espirituais.

Preparação

Desenhar em uma cartolina ou papel-cartão a tela vibratória de Mãe Oroiná, e colocá-la onde possa visualizar com facilidade.

Tela vibratória do Trono Feminino da Justiça

Ou, se preferir, ponha um desenho da Estrela da Vida de Mãe Oroiná onde possa visualizá-lo. Também pode fazer a visualização com uma mandala do Trono Feminino da Justiça.

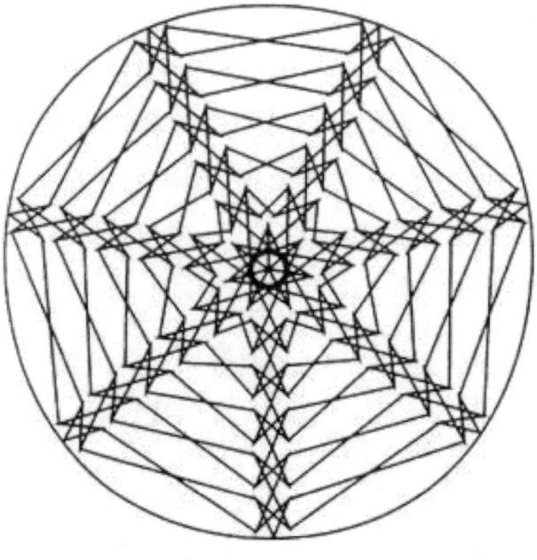

Risque no chão a mandala de Mãe Oroiná (Trono Feminino da Justiça), coloque dentro uma rosa vermelha, firme as velas e faça a invocação e as determinações das ações.

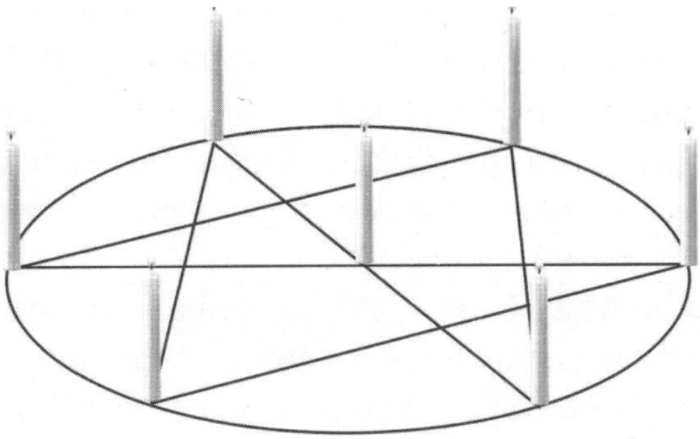

Mandala: 7 velas (Uma central e seis nos polos).

Coloque uma música tranquila ou pontos de Umbanda de Mãe Oroiná, sente-se confortavelmente em um local onde ninguém vá incomodá-lo. Enquanto ouve a música e visualiza a tela ou as mandalas de Mãe Oroiná, retome em sua mente, com bastante sinceridade, o que você tem pensado, o que tem feito e faz de certo e de errado em sua vida, e coloque na Balança da Lei Divina, procurando sempre se melhorar.

Compare as qualidades que um filho de Oroiná deve manifestar com os seus comportamentos (sentimentos, pensamentos e atitudes). Introjete o que deve ser mudado, para se interligar com o magnetismo dessa mãe.

Atente-se em sua respiração, e sinta o ar entrando e saindo de seus pulmões. Inspire profundamente e solte o ar, até sentir que está mais descontraído(a). Repita por três vezes essa inspiração profunda e passe a respirar tranquilamente.

Contraia os ombros de forma suave. Isso fará com que você perceba pontos de tensão em seu corpo e facilitará a soltura dos músculos tensos. Repita por três vezes esse contrair e soltar. Contraia as mãos e solte-as suavemente por três vezes. Prestando atenção em seus pés, contraia-os, levantando os dedões e soltando-os, também por três vezes.

Agora que você aprendeu a relaxar partes do seu corpo, escute a música e cante junto, relaxando-se por inteiro. Vá mergulhando na Estrela da Vida de Mãe Oroiná, ou na mandala, pensando apenas nas coisas positivas que você deve desenvolver para a sua vida e nas que queira transformar, com toda a força do seu coração.

Peça a Mãe Oroiná que equilibre seus pensamentos e sentimentos, para fortalecê-lo(a), para que você fique purificado(a) e com sua vida mais cheia de bênçãos e proteção.

Exercício de Visualização na Vibração de Mãe Oroiná

Agora que você está relaxado(a) e conscientizado(a) das suas necessidades, feche os olhos e se imagine em uma pedreira. Mentalize as pedras energizando seu espírito e seu corpo, recolhendo todas as energias densas e as perturbações que possam estar afligindo sua vida.

Em seguida, visualize um sol laranja, incandescente, irradiando uma luz dourada diante dos seus olhos. Desloque essa luz para dentro da região do seu estômago e mentalize que essa luz dourada se derrama por dentro de você, tornando-se um chuveiro de fogo, que o(a) ativa, por dentro e por fora, preenchendo-o(a) com o mesmo brilho e calor.

Visualize esse sol subindo e se posicionando acima da sua cabeça, irradiando sobre você a luz ígnea, envolvendo-o(a) por fora e por dentro, até que todo o seu corpo esteja tão brilhante como ela. Enquanto essa luz de fogo o(a) preenche, você começa a se sentir leve, sereno(a), forte, equilibrado(a), capaz de vencer desafios, protegido(a) e imune às investidas de energias de seres negativos; sente-se pronto(a) para acessar seus próprios recursos internos e receber orientações e apoio de algum Enviado Divino, um Guia ou mesmo de seu Anjo da Guarda, para despertar e vencer os obstáculos de sua vida.

Quando terminar, comece a mexer as mãos e movimente-se no lugar onde estiver sentado(a). Abra os olhos lentamente e, aos poucos, levante-se e caminhe, apreciando o bem-estar do exercício.

Agradeça à Mãe Oroiná e volte às suas atividades.

XX – Culto Familiar à Divindade Feminina da Justiça – A Divina Mãe Oroiná[9]

Ajuda-te e o céu te ajudará, e não aos que tudo esperam do socorro alheio, sem usar as próprias faculdades.

(Allan Kardec)

Há várias formas umbandistas de cultuarmos o Divino Criador e suas Divindades Orixás, nos centros e na Natureza. Explanamos um pouco sobre as que estão mais de acordo com os propósitos destes escritos:

- **O Culto Divino Individual:** consiste no ato pessoal de se dirigir diretamente ao Divino Criador, a todos os Orixás ou a um só deles e, por meio de orações e clamores pessoais, entrar em sintonia mental com as divindades ou com a Entidade acionada. O adorador que optar por essa forma de

9. Com base no livro Rituais Familiares aos Sagrados Orixás, de Lurdes de Campos Vieira e Cris Egídio, publicado pela Madras Editora.

culto poderá seguir as mesmas sugestões oferecidas no Culto Familiar, utilizando apenas uma unidade de cada elemento.

- **O Culto Pessoal:** ocorre quando uma pessoa adota um Orixá como divindade de sua fé e, a partir daí, o cultua diariamente e só a ele recorre sempre que se sente necessitada de amparo e auxílio divino.

- **O Culto Natural:** nem tudo é realizável no Templo; há casos que devem ser trabalhados no centro e outros que só devem ser trabalhados, magística ou religiosamente, na Natureza, como a firmeza de Guias Espirituais e Orixás, com a oferta de oferendas, os descarregos, etc. Nesse caso, o culto deverá ser realizado nos Pontos de Força ou santuários naturais dos Orixás na natureza, onde as Divindades respondem aos que ali cultuam e confiam a eles a solução de suas dificuldades.

Na Natureza, os trabalhos magísticos são realizados por meio de oferendas e, nos trabalhos religiosos, os médiuns abrem uma gira completa e seus guias atuam no ponto de forças nos campos do Orixá.

Os Campos Vibratórios na Natureza

Os Orixás são Mistérios Divinos que abrigam muitas formas de vida em seus campos vibratórios na Natureza, que atuam em todos os pontos da Terra, pois o movimento das linhas de força envolve todo o planeta. Eles atuam em nosso espírito, em nosso organismo e até em nossa religiosidade, e nos mantêm em sintonia direta com o Divino Criador.

Já vimos que o Ponto de Força de Mãe Oroiná está nos sopés das montanhas e nas pedreiras, locais onde podemos reequilibrar e energizar as nossas faculdades em desequilíbrio.

- **O Culto Espiritual** - no Templo: o trabalho de assistência espiritual é dirigido pela mãe ou pelo pai espiritual, incorporada(o) pelo guia responsável pelo trabalho, que sustenta a sessão. Cabe aos médiuns estarem em harmonia e equilíbrio, para o bom andamento da gira, e cabe a quem dirige e a seus auxiliares realizarem as firmezas necessárias para ativar a segurança da casa. Em um templo, existe uma estrutura espiritual de assentamentos e firmezas das forças espirituais regentes, que dão sustentação aos trabalhos mediúnicos de incorporação e segurança para os médiuns, que somente deverão incorporar para atendimento nesse espaço do templo.

- **O Culto Mágico** - é o ato de magia, ativado por um mago devidamente preparado, na força de um ou mais Orixás, realizado em locais específicos (Templo, Natureza, Núcleo de Magia e afins).

- **O Culto Coletivo** - trata-se do culto que objetiva a realização de uma cerimônia que tenha efeitos curadores e libertadores, para que um grande número de adeptos desenvolva sua reflexão e sua religiosidade. Isso promoverá a criação de um novo patamar de pensamentos, positivos e inspiradores, que ajudarão a todos na superação de seus problemas pessoais, familiares e profissionais. Nesse culto, não há atendimento individual.

Pai Rubens Saraceni foi o precursor dos Cultos Coletivos, nos quais ele realizava a abertura do trabalho espiritual tradicional da "gira" e, a seguir, todos os médiuns se organizavam em um grande círculo ao redor dos fiéis.

Ao comando do sacerdote e da curimba, uma linha de trabalhos determinada se manifestava nos médiuns (Caboclos, Baianos, Naturais Orixás, etc.), formando uma grande corrente espiritual energética que recobria o templo, dando amparo e auxílio espiritual e energético a todos, previamente orientados para elevarem seus pensamentos a Deus, aos sagrados Orixás e às forças ali firmadas, e mentalmente realizarem seus pedidos, seus apelos e seus agradecimentos. Assim, ia-se despertando e desenvolvendo a fé, a religiosidade e a espiritualidade de todos.

Para os dirigentes espirituais que queiram realizar esses cultos em seus templos, sugerimos a leitura do Manual Doutrinário, Ritualístico e Comportamental Umbandista, coordenado e escrito por Lurdes de Campos Vieira, publicado pela Madras Editora.

- **O Culto ou Ritual Familiar** - é o culto que podemos realizar em casa, reunindo familiares, vizinhos e amigos. É um culto doméstico, para o fortalecimento da fé, em nosso núcleo familiar e de amigos, que nos coloca em sintonia e comunhão religiosa com o Alto do Altíssimo, nosso Divino Pai Olorum e com os sagrados Orixás. Não é só no Templo e na Natureza que podemos nos sintonizar com eles.

Nesta obra, vamos apresentar uma proposta, com sugestões para a realização do Culto Familiar à Mãe Oroiná, que, devidamente adaptado, também servirá para a realização do culto divino individual, possibilitando a todos realizá-lo com segurança, confiança, fundamento e funcionalidade.

Preparação

Os participantes do culto deverão ser convidados e comunicados, antecipadamente, para virem com roupas claras, de preferência brancas. Poderão trazer frutas (laranja, pitanga, tangerina, caqui) e sete pimentas vermelhas, flores (rosas ou palmas vermelhas, flor de girassol ou flores alaranjadas) e ervas (louro, arruda, menta), que levarão para casa ao término da cerimônia. Se quiserem, poderão trazer um tapetinho ou almofada, para ajoelhar.

Banho de ervas: o anfitrião ou anfitriã, responsável pela condução do Culto Familiar, deverá tomar um banho de louro, arruda, folhas de laranjeira, menta, folhas de pitanga, calêndula e girassol do pescoço para baixo, e poderá ensiná-lo aos demais participantes do culto, para que também o façam, caso queiram.

Antes, firmar uma vela branca de sete dias, para Deus e seu Anjo da Guarda, com um copo de água ao lado ou a quartinha consagrada, se a tiver, fazendo as devidas orações, e pedindo firmeza e proteção na condução do culto que se realizará.

Deixar bem claro que nesse culto não há incorporação.

O banho indicado é excelente para ação intensa de limpeza, para consumir purificar e descarregar energias negativas, para energizar campos astrais deteriorados, repor energias, estimular, animar. É magnetismo firme e atrator de energia de prosperidade, de melhor disposição, do levantamento do astral e estímulo da força de vontade.

Pode ser preparado colocando dois litros de água para ferver. Após a fervura, desligar o fogo, adicionar as ervas, abafar por uns cinco minutos. Aguardar até a temperatura ficar amena. Tomar o banho normalmente. Após se enxaguar, eleve a vasilha com o banho acima de sua cabeça e peça: “Divino Pai Olorum! Amada Mãe Oroiná! Irradiem suas energias neste banho, para o meu benefício". Derrame a água de ervas do pescoço para baixo. Recolha os restos e deposite na terra de um vaso ou de um jardim, agradecendo à Natureza.

Pequeno altar: sobre a mesa, ao redor da qual será realizado o ritual, estender uma toalha alaranjada, vermelha ou branca. Enfeitar com vasos de louça branca, ou vidro transparente com rosas ou palmas vermelhas, flor de girassol ou flores alaranjadas e arruda, louro e menta. Fazer um círculo com sete velas na cor laranja ou vermelha, firmadas em pires brancos. Ao lado das velas, colocar sete copos com suco de laranja ou chá de gengibre ou hibisco, e um ou mais litros de champanhe rosé ou de vinho tinto, ou ambos.

No centro da mesa, dentro do círculo de velas, colocar uma vela laranja, uma pedra ágata de fogo ou topázio, uma travessa com as frutas e as sete pimentas entre elas, e um pires ou copinho com noz-moscada ralada ou canela em pó. Organizar tudo como um pequeno altar sobre a mesa, ao redor da qual todos deverão se sentar.

O anfitrião ou um dos outros participantes poderá preparar uma defumação ou acender um incenso de louro ou menta, e incensar as pessoas presentes e o ambiente.

Preleção

A pessoa que está conduzindo o culto deverá fazer uma pequena preleção sobre o motivo de todos estarem reunidos, explicando o que é o culto familiar, a sua finalidade, e, no caso deste culto, falar sobre a Mãe Oroiná, Divindade Orixá Feminina, que é a Justiça do Divino Criador, nosso Divino Pai.

Sugestão:"Hoje, estamos aqui reunidos para louvar nossa Mãe Oroiná, a Divindade Feminina da Justiça. Olorum é o nosso Divino Criador e criou tudo que nos cerca, e se mostra aos nossos olhos na grandeza infinita da Sua criação. Ele criou a Divindade Feminina da Sua Justiça, Mãe Oroiná, que, juntamente ao Pai Xangô, rege a Linha da Justiça, na qual ela atua purificando tudo e fluindo a Justiça a toda a criação divina, em equilíbrio e harmonia".

Quem conduzirá o culto pode organizar um texto próprio, inspirado(a) na sugestão.

Oroiná – A Divindade Feminina da Justiça Divina

Oroiná é a Mãe Orixá do Fogo e da Justiça Divina; Mãe da purificação que faz par com o Orixá Xangô. O fogo é a energia vital que dá entusiasmo, alegria e vontade de viver, luz e calor ao mundo.

Esse fator equilibrador ígneo feminino existe; a Mãe Divina responsável pela aplicação da Justiça Divina na vida dos seres e na criação existe; essa Mãe ígnea, que é cultuada há milênios na Índia, como Kali, tem por função aplicar a Justiça Divina com rigor na vida dos seres racionalmente desequilibrados.

Ela é rigorosa, porém muito justa, amorosa e protetora. Sua principal atribuição é purificar o emocional humano dos excessos dos seres desequilibrados, desvirtuados e viciados.

A ação fulminante de Mãe Oroiná, Kali-Yê, é cósmica e ativa, frequentemente invocada para desmanchar magias negras, ativadas contra os templos ou as moradas das pessoas. Sua energia é abrasadora e consumidora das várias concentrações energéticas negativas, como miasmas, larvas astrais e formas-pensamento. Os devedores da Lei temem sua presença.

Fogo é o mistério de nossa amada Mãe Oroiná, regente cósmica do Fogo e da Justiça Divina, que purifica os excessos emocionais. A energia ígnea dessa Mãe fixa-se na terra, no cristal e no mineral, consome o vegetal, expande-se no ar e se anula na água. Mãe Oroiná é o **fogo que purifica**.

As divindades têm uma função a realizar e nós sempre seremos beneficiários de sua atuação. Quando nos paralisam, também estão nos ajudando, pois estão evitando que continuemos trilhando um caminho que nos conduzirá a um ponto sem retorno.

Purificação Divina

"Não há no mundo outro agente de purificação igual à chama da Verdade Espiritual. Quem a conhece, quem a ela se dedica, será purificado."

(Bhagavad Gita)

Purificar é limpar, retirar desembaraços; é desimpregnar um ser, física e espiritualmente. Se os vícios emocionais tornaram seres insensíveis à dor alheia e seus desequilíbrios mentais os transformaram em tormentos para seus semelhantes, as purificações do corpo, do coração e do espírito tornam-se uma necessidade.

A purificação do corpo implica um comportamento limpo, claro e aberto, dar carinho e servir aos outros, fazendo de nós um modelo a ser seguido. Significa não ir à busca do prazer e da gula; não falar palavras fúteis, desrespeitosas ou sobre os erros dos outros; não promover discórdias, mas incentivar as pessoas a fazerem as coisas certas; falar palavras reconciliadoras; ser educado, amoroso, suave, delicado e benevolente; não falar alto e grosseiramente. Implica, ainda, o consumo de alimentos depurativos do sangue e curativos, e a superação de vícios e maus hábitos.

A purificação do coração, como fonte da consciência do ser humano, ocorre com a preservação do pensamento limpo e sem defeito. Para isso, devemos desenvolver a sinceridade, o respeito, a humildade, a gratidão, a harmonia, o contentamento, a misericórdia, a compaixão, a abnegação e o perdão.

O ciclo reencarnacionista é uma das vias de evolução, sob a irradiação dos Sagrados Orixás, na qual todo e qualquer espírito tem a possibilidade de percorrer um caminho de aperfeiçoamento, tanto no plano material quanto no plano espiritual. Este mundo transitório da matéria deve ser entendido como uma dádiva, a fim de podermos enxergar nossa verdadeira dimensão e caminhar para a comunhão com a consciência divina. Em nossa prática do dia a dia, temos de ser, nós mesmos, uma fonte de luz.

O sentido da vida está em ajudarmos no equilíbrio de nossos semelhantes. Aqueles que se tornarem conhecedores da Justiça Divina e da Lei, e já conquistaram seu equilíbrio, buscam a essência do Criador nas coisas mais simples, sacrificam-se pelos semelhantes, sem nada esperar em troca; preocupam-se em não depredar a Natureza e sempre respeitar as criações divinas.

A nós, umbandistas, cabe purificar o nosso íntimo, renovar a religiosidade e a fé em Deus e nos Sagrados Orixás, no nosso meio humano, sofrido e desencantado com tantas injustiças sociais e religiosas. Temos de lidar simultaneamente com nosso íntimo e com nosso meio, sem nos dissociarmos de nada ou de ninguém à nossa volta. É fundamental que conquistemos os dons, as virtudes e a harmonia para nosso planeta, retornando à simplicidade de cultuar Deus, de sermos responsáveis pela vida e auxiliares do nosso Divino Criador. Se essa for a prática cotidiana na vida do umbandista, ele se tornará inacessível aos espíritos trevosos e às vibrações negativas.

CANTO

Espada de Luz

Lurdes de Campos Vieira

Vibre sua espada de luz, vem vibrar neste congá! }
Vibre sua espada de luz, divina Mãe Oroiná! } bis

Espada de ouro, ela chegou, }
Chama de fogo que esta casa iluminou! } bis

Oração à Mãe Oroiná

Evocamos em nome de Deus, nosso Divino Criador Olorum, Senhor Supremo do nosso destino e princípio Criador de tudo e de todos, o Mistério Feminino Divino da Justiça na Divindade Energizadora, a Divina Mãe Oroiná. Amém!

Divina Mãe Oroiná, Senhora do Mistério Feminino da Justiça Divina do nosso Criador Olorum! Nós A reverenciamos e reunidos estamos aqui para louvá-La, cultuá-La, adorá-La e aclamá-La com todo o nosso amor e fé em seu divino poder. Que sua ofuscante luz irradie sobre nós os dourados tons das faíscas alaranjadas do seu Fogo Divino, princípio da purificação de nosso Amado Criador! Amém!

Sagrada Senhora do Fogo Purificador! Com seu elemento ígneo, faculdade equilibradora dos sentimentos humanos, purifique a nossa alma e nosso corpo divino espiritual. Divina Mãe da Justiça e da Razão, ajude-nos em nossa caminhada, com o seu fogo sagrado, para que tenhamos equilíbrio em nossas almas, harmonia e juízo em nossos sentimentos e atitudes. Propicie-nos a manutenção de uma fé inquebrantável, para sermos equilibradores de nossos semelhantes; servirmos à família, à comunidade civil e religiosa e, principalmente, a Deus.

Amada Mãe da Justiça Divina, Senhora do Fogo purificador! A Senhora que é Mãe ígnea por natureza, aqueça-nos, ampare-nos, sustente-nos, guie-nos, conduza-nos e envolva-nos em todos os sentidos, carnais e espirituais. Dê-nos sua sustentação energética e elemental, para que possamos nos manter em equilíbrio mental, emocional e espiritual.

Amada Mãe Oroiná! Diante da sua luz, pedimos o seu amparo, para que possamos ter o entendimento da Justiça e da Lei do Equilíbrio Divino. Pedimos, ó Mãe da Justiça e da Purificação, que nos irradie e nos envolva com seus fluidos energéticos ígneos, equilibrando-nos e harmonizando-nos em todos os sentidos, a fim de que nos tornemos luzes calorosas, ajuizadas e sensatas do nosso Divino Criador, irradiantes do seu equilíbrio, da justiça do seu amor e da sua misericórdia. Rogamos que nos ajude a agir sempre com razão, equilíbrio e justiça, servindo à Luz e sendo por ela amparados. Limpe nossos caminhos, ó Mãe, para que neles não encontremos empecilhos, impedindo nossa evolução.

Mãe da Justiça Divina! Purifique com seu fogo sagrado os nossos excessos emocionais, beneficiando-nos conforme as nossas necessidades, expandindo o nosso campo de ação e estimulando em nós sentimentos nobres, para que vibremos sentimentos justos, sábios e equilibrados, livrando-nos das trevas, a fim de que sempre sirvamos à Luz e à Lei Divina, e nos tornemos irradiantes da justiça do seu amor e da sua misericórdia. Anule em nós, Mãe Oroiná, os sentimentos negativos, os vícios, as falhas, os erros e as paixões abrasadoras, e não deixe que eles desequilibrem nossas vidas. Dê-nos, Mãe ígnea, o seu amparo, para que possamos ter o entendimento da Lei do Equilíbrio Divino.

Mãe Divina da Purificação! Traga-nos força e Luz em nossos caminhos, para que nelas vivamos e as usemos em benefício de nossos semelhantes, com justiça e amor. Propicie-nos, Mãe justa, a aquisição de uma fé inquebrantável, para sermos equilibradores de nossos semelhantes, servirmos a eles e, principalmente, a Deus. Aqueça-nos, ampare-nos, sustente-nos, guie-nos, conduza-nos e envolva-nos em todos os sentidos, carnais e espirituais.

Traga-nos, ó Mãe, luz radiante onde houver a escuridão pela falta de fé, capacidade equilibradora da razão e do entendimento das coisas visíveis, onde houver desequilíbrio e desarmonia. Proteja-nos com sua ajuda justa e verdadeira, e afaste para sempre de nossas vidas os tormentos de seres e energias trevosos, consumindo com seu fogo os trabalhos de magia negra, porventura ativados contra nós; anule as atuações de eguns em nossas vidas, encaminhando-os para a continuidade de suas evoluções, conforme seus merecimentos.

Purifique em nosso íntimo e em nossos instintos inferiores todas as vibrações e sentimentos negativos, e dê-nos o equilíbrio da Justiça Divina, para que sejamos prósperos, fraternos, amorosos e generosos, com tudo e com todos que nos cercam e compartilham a nossa vida e destino. Faça com que busquemos, cada vez mais, os bons ensinamentos, sentimentos e atitudes, que nos elevem e nos conduzam à Luz do nosso Divino Criador.

Mãe da Justiça! Que suas bênçãos brotem dos nossos corações, refazendo nossas almas no calor do seu fogo abrasador. Que consumam os sentimentos de cólera, transformem e forjem nos nossos íntimos a energia viva que transmuta a dor em prazer, o ódio em amor, a guerra em paz e a ignorância em sabedoria. Amém!

Salve a Divina Mãe Oroiná! Todos deverão responder: Kaly-Yê, minha Mãe (significa Salve a Senhora Mãe Negra!).

Clamores à Mãe Oroiná

Rogamos à Senhora, Divina Mãe Oroiná, que suas irradiações ígneas vivas e divinas ativem os princípios sagrados e energéticos destes elementos à Senhora oferendados, consagrando-os, imantando-os e potencializando-os, para o nosso benefício. Que o seu fogo divino nos envolva completamente, consumindo, purificando, desimpregnando nosso Ser de todos os cordões energéticos negativos. Pedimos que a sua chama cósmica adentre por meio desses cordões e consuma todas as vibrações emocionais, magias negativas, projeções mentais e espíritos malignos que estejam ligados a nós, cortando as injustiças e suas magias negativas.

Mãe Divina Oroiná! Que todos os seres desequilibrados, desvirtuados e viciados, mental e emocionalmente, sejam purificados de seus excessos e desenergizados; que sejam paralisados em suas ações nocivas à vida dos seres e da Criação; e que, de acordo com sua sentença divina, todos sejam encaminhados conforme o merecimento e a necessidade de cada um.

Clamamos misericordiosamente o seu auxílio, para que nos livre dos vícios e dos desequilíbrios que possam nos desviar do caminho da evolução. Esgote e anule, ó Mãe Amada, com seu fogo vivo e incandescente, todos os cordões, fios, correntes e amarras que possam nos aprisionar; purifique de toda e qualquer negatividade os meios que nos rodeiam, assim como a todas as pessoas que estão ligadas a nós, direta ou indiretamente.

Faça destes seus filhos e filhas instrumentos de sua Justiça Divina, para que possam, sob sua irradiação, serem anulados todos e quaisquer seres negativos e energias negativas que estejam nos impedindo de trilhar o caminho da Justiça, conforme determinação e bênção do nosso Pai Olorum.

Queime, ó Mãe, com seus poderes divinos, tudo o que está em desequilíbrio com a sua Lei, anulando os negativismos de todos os presentes nesta casa, assim como de todos os seus familiares, recolhendo as projeções mentais negativas,os espíritos malignos, cortando as injustiças e as magias negras.

Paralise, ó Mãe querida, e queime em nós as doenças espirituais e emocionais, estimulando em nós o fogo vivo da religiosidade e da esperança em melhores dias. Cure com seu fogo sagrado as feridas que trazemos desta vida e de vidas passadas. Flua em nós, seus filhos, a energia ígnea, para que saibamos transmitir a sua luz e o seu calor aos nossos irmãos menos favorecidos. Traga-nos paz, harmonia, prosperidade e saúde. Passe em nós sua espada flamejante, eliminando tudo aquilo que atrapalha o nosso desenvolvimento físico e espiritual.

Ó Mãe querida, não deixe que nos desvirtuemos da sua proteção. Proteja-nos para que sejamos sempre merecedores do seu calor sagrado, aquecendo-nos na Luz e no Amor de nosso Pai Olorum! Amém!

Amada Mãe Oroiná, que sua irradiação atue constantemente sobre nós, para alimentar nossos espíritos e aquecer nossas almas com o Fogo Divino que a tudo cura, purifica, renova e cicatriza.

Proteja-nos das catástrofes climáticas, e faça com que tenhamos consciência dos perigos das queimadas irresponsáveis e dos desequilíbrios ambientais. Olhe e zele por nós, Sagrada

Mãe Ígnea; é o que pedem, com respeito, carinho e devoção, estes filhos de Pai Olorum nesta caminhada terrena. Amém!

Clamamos à Senhora, Sagrada Mãe do Fogo e da Justiça Divina, que nos ampare em nossa jornada evolucionista, envolvendo-nos com seus fluidos energéticos ígneos, equilibrando e harmonizando-nos em todos os sentidos de nossas vidas. Purifique nosso íntimo, anulando em nós sentimentos negativos, vícios e limitações conscienciais, que nos desequilibram e impedem de evoluirmos e crescermos em nossos caminhos.

Conduza-nos para dentro do Seu Mistério Sagrado, concedendo-nos a graça de energizar todo nosso Ser com sua Luz abrasadora que estimulará em nós o crescimento espiritual e material, e o despertar para o entendimento da Justiça do Equilíbrio Divino, bem como de todos aqueles que estejam ligados a nós. Amém!

Neste momento, cada um deve pensar em suas dificuldades e clamar por suas dissoluções. Procurem, também, mentalizar seus inimigos ou seus perseguidores e opressores, e clamar pela transmutação dos seus sentimentos negativos (ódios, invejas, etc.), anulando da vida e do destino deles e dos seus todas as coisas contrárias ao desígnios divinos para com todos nós.

(Aguardar alguns minutos, para que cada um pense.)

Divina Mãe Oroiná, Sagrado Mistério Feminino da Justiça Divina! Que, a partir deste momento, sua Luz flamejante esteja presente em nossas vidas, amparando-nos de forma luminosa e racional todos os sete sentidos de nossas vidas, que nos conduzirá de maneira irradiante à nossa origem divina. Amém!

Salve, nossa Divina Mãe Oroiná! Todos deverão responder: Kaly-Yê, minha Mãe!

Oração de Agradecimento e Encerramento

Agradecemos, com todo amor e respeito, a Deus, nosso Divino Criador Olorum! Agradecemos ao Sagrado Mistério Feminino da Justiça, na Divina Mãe Oroiná, pelas bênçãos concedidas neste momento em nossas vidas, bem como a todos aqueles que estão ligados a nós!

Também agradecemos ao nosso Divino Criador e à Mãe Oroiná pela oportunidade de estarmos aqui reunidos, neste culto familiar de louvação à Divindade da Justiça, e que cada um de nós se sinta fortalecido na prática do bem, na fé e no amor ao próximo e desperto para a vida superior.

Desejamos, igualmente, que todas as palavras proferidas neste culto sejam proveitosas aos espíritos sofredores, nossos irmãos ainda ignorantes e viciosos que tenham assistido a esta reunião, para os quais imploramos a misericórdia de Deus.

Amada Mãe! Pedimos que nos sustente na Sua Luz Ígnea e que cada um receba as Suas graças conforme o seu merecimento. Amém!

Que suas luzes vivas e divinas se estendam para o infinito por este momento de fé, reverência e amor, em que nos colocamos diante de seus Mistérios, Senhora dos nossos destinos e razão das nossas existências, a fim de que cubram de luzes aqueles que buscam o equilíbrio em seus caminhos e, assim, sejam conduzidos e amparados em todos os sentidos pela sua fonte aquecedora da Justiça Divina. Amém!

Agradecemos ao Divino Criador o rumo que gentilmente nos indicou, a Umbanda Sagrada, a segurança e o conforto de poder pedir e encontrar respostas a tudo que, em justa medida, nos tem outorgado, de acordo com a Lei Maior. Agradecemos por ter recebido a graça de comungar com a divindade ígnea da Purificação, nossa amada Mãe Oroiná.

Divina Mãe Oroiná, Senhora da Purificação Divina! Ilumine, oriente e proteja todos aqueles que aqui entraram e entrarem, zelando, guardando esta casa e fazendo com que os meus irmãos, parentes, amigos, vizinhos e demais frequentadores tenham a satisfação de estar conosco, partilhando nossa amizade e carinho, e desenvolvendo sua razão, seu equilíbrio e fé. Eu rogo, Senhora Mãe do Fogo Divino, para que se manifeste em cada centímetro de área desta casa, e que ela seja purificada e abençoada hoje e sempre. Amém!

Salve nossa Divina Mãe Oroiná! Todos deverão responder: Kaly-Yê, minha Mãe!

Após a evocação, a oração de agradecimento e o encerramento, todos devem agradecer mentalmente a Olorum e a Seu mistério da Justiça Divina, a Divina Mãe Oroiná, permanecer em absoluto silêncio por alguns minutos, só mentalizando luzes e vibrando bons sentimentos, cruzar o solo com respeito e reverência, deixando as cadeiras postas ao redor da mesa, até a queima de todas as velas.

Líquidos, Frutos, Ervas e Flores

Os líquidos energizados serão oferecidos aos participantes. As frutas, as pimentas, a noz-moscada e a canela poderão ser distribuídas e levadas para casa; as frutas também podem ser consumidas no local, como alimentos, aguardando pelo menos 30 minutos após o encerramento do ritual. O vinho e o champanhe, se houver, poderão ser oferecidos aos presentes em pequenos cálices ou levados para casa, para uso posterior.

Cada participante poderá levar ervas para os banhos de energização na força de Mãe Oroiná.

No dia seguinte, os restos das velas, da terra e dos frutos ingeridos deverão ser recolhidos e despachados na terra de um vaso, de um jardim ou mata ou em água corrente, pedindo à Natureza que absorva os restos do que ela, generosamente, havia nos propiciado.

Não basta o entendimento do que somos ou parecemos ser; é necessário vislumbrarmos **o que podemos chegar a ser**, ou seja, **a evolução possível**, e, a partir dessa constatação, darmos novos significados às nossas vidas.

XXI – Considerações Finais

Orixá é o Mestre Interior da Consciência

Escrevemos anteriormente que não basta o entendimento do que somos ou parecemos ser; é preciso vislumbrarmos o que podemos chegar a ser, ou seja, a evolução possível, e, a partir dessa constatação, darmos novos significados às nossas existências.

Dissemos, ainda, ser de fundamental relevância o entendimento dos "fatores divinos", que são irradiações, energias vivas divinas, verdadeiros códigos genéticos energéticos, os quais estão na origem e na formação de tudo, e distinguem os Orixás Ancestrais. Cada ser tem sua ancestralidade e ela está aí à disposição natural do sujeito, ligada à função transcendente, delineada por Jung.

Os Orixás são emanações do Divino Criador, oniscientes, oniquerentes e onipotentes, que regem nossa evolução e nos guiam rumo ao plano futuro; eles são os agentes executores das leis divinas e estão à nossa disposição. Podemos usufruir de seus poderes de realização em nosso benefício, desde que saibamos ativá-los.

Trazemos a herança do Criador em nosso mental e compete a nós, em nossa caminhada evolutiva, equilibrar e desenvolver essa dádiva. Se um filho herda dos pais carnais seus hábitos, caráter e modo de viver, um filho espiritual também traz a herança genética divina, seus sentidos e dons, de sua mãe e de seu pai espiritual.

Esses dons e sentidos nós devemos ativar cada vez mais, não importando quantas encarnações sejam necessárias. Se os conhecermos, podemos torná-los ativos a partir de agora, para não vivermos uma vida contemplativa, como meros observadores do dia a dia, sem rumo definido.

A Umbanda nos permite sentir os Orixás como caminhos evolutivos, são poderes à nossa disposição de que podemos usufruir para nosso benefício. Entender-nos como filhos dos Orixás e quais são os traços marcantes de nossa personalidade, identificando as dificuldades, para que possamos melhorar cada vez mais como seres espirituais em nossa caminhada evolutiva, nos proporciona estruturar uma espiritualidade integral, lúcida e sadia, e encontrarmos nosso equilíbrio e paz interior.

Consciência de Si Mesmo e do Estado do Organismo

Nós, seres humanos, fomos dotados em nosso processo evolutivo por muitos recursos que nos permitem adquirir consciência acerca de nós mesmos, do meio em que vivemos e do nosso Divino Criador, e multiplicarmos nossas energias virtuosas em nós e em nossos semelhantes. Se no decorrer desse processo geramos obscurecimentos e agregamos energias negativas aos nossos organismos físico e espiritual, temos condições de, a partir desta reencarnação, iniciarmos a reversão, para o reencontro com a nossa verdadeira essência.

Neste momento, cabe buscarmos, com bastante honestidade, quais são os nossos reais sentimentos, vontades, necessidades, identificando o que mais nos influencia (pensamento, sentimento, sensação, intuição), o que nos aborrece, bloqueia e negativa, e o quanto o meio e a ação de terceiros nos afetam. Ao questionarmos, vamos despertando nossa consciência adormecida, descobrindo nossas dificuldades e capacidades pessoais.

Para isso, podemos contar com a preciosa ajuda dos Guias Espirituais, com seus passes, limpezas energéticas, desobstruções e orientações importantíssimos. Sempre que percebem que há necessidade, eles orientam o consulente a buscar ajuda de psiquiatras e psicólogos, paralelamente com o tratamento espiritual.

Podemos também criar estímulos possíveis, como o fluir dos pensamentos, respondendo às questões levantadas, à reflexão sobre nossas inquietações e influências externas. É possível, ainda, escolhermos assuntos de nosso interesse, para que nossa mente possa explorá-los, escolher leituras estimuladoras do raciocínio, determinarmo-nos períodos de estudos, etc.

Ao descobrirmo-nos, mesmo que parcialmente, vamos nos autoafirmando e ampliando nossa personalidade e, até mesmo, tendo maior controle dos pensamentos, acalmando-nos e tendo mais paz e tranquilidade.

Quando estamos negativados, dificilmente conseguimos perceber nossas falhas, dificuldades, perturbações, erros e limitações. É preciso que procuremos o auxílio de profissionais do mundo espiritual e, se necessário, do mundo material. No entanto, é possível que nós mesmos também façamos esse trabalho, já que somos nós que colocamos a Lei Maior em movimento.

Os Orixás são poderes permanentes do Divino Criador Olorum, os quais estão em todos os lugares o tempo todo, e à disposição de todos que clamem por seu auxílio divino e amparo. Quando dificuldades paralisam nossa evolução espiritual e material – e sempre que nos sentirmos oprimidos e assoberbados pelas dificuldades da vida –, podemos nos socorrer com os Orixás, cultuá-los e adorá-los, para nosso fortalecimento religioso e espiritual.

Cada Orixá é um mistério e poder pleno, com todos os recursos capazes de suprir as nossas necessidades materiais e espirituais, amparando-nos e sustentando-nos como um caminho evolutivo. Os Orixás estão muito mais presentes em nossas vidas do que podem imaginar os seus cultuadores; dentre outras coisas, acolhendo-nos, sustentando-nos, desenvolvendo-nos, instrumentando-nos mediunicamente, para recebermos energias e influências mentais de todos os Tronos.

Esse poder divino – Orixá – realiza-se na vida dos que o cultuam, como uma energia divina viva, realizadora de ações capazes de modificar suas vidas, de acordo com os merecimentos. Esse poder, irradiado de modo contínuo, é dado àqueles que recorrem a ele religiosamente, por meio de cantos e orações ou oferendado e ativado magisticamente.

Em Olorum, tudo é integrado e tem uma finalidade; por isso, ao ativarmos e absorvermos cada um dos sete sentidos, ele ativará os outros seis que trazemos como herança. Por exemplo: ao buscarmos o **conhecimento** adquirimos **sabedoria**. Esta desperta a **razão**, que nos propicia **equilíbrio** e nos impele a buscar as Leis que regem a Criação e, ao encontrá-las, somos movidos pela **fé**, e **amamos a vida** e o Criador.

Ao buscarmos a fé, desenvolvemos a **humildade** e a **simplicidade**, que nos impelem a buscar o **amor** e as **Leis** que regem o Todo, e passamos a amar a **vida** e procurar a **evolução**, desenvolvendo o **conhecimento**, capacitando-nos com a **razão** e a **justiça** do Criador; e assim por diante.

No decorrer de nossa vida, na encarnação, é importante que busquemos desenvolver as qualidades de todos os nossos Pais e Mães Orixás, pois elas nos ajudarão a esgotar nossos negativismos e a reequilibrar nossas vibrações positivas, em todos os sentidos.

Se estamos neste planeta para evoluir, devemos usar o Livre-Arbítrio e a Lei Maior a nosso favor, equilibrando nossas personalidades de modo contínuo. Com bastante esforço, autodisciplina, vitalidade e vontade, podemos aprimorar nosso ser, para sair do estado caótico em que provavelmente nos encontramos. Para isso, contamos com o auxílio dos Guias Espirituais e dos sete sentidos com que Olorum nos dotou como nossa herança ancestral: a fé, o amor, o conhecimento, a justiça, a lei, a evolução e a geração.

Um fiel de qualquer religião poderá ter seus Orixás identificados, pois tudo está gravado em sua memória imortal. A natureza íntima do ser não é alterada pela raça, pelo local de nascimento ou pela religião. O Orixá Ancestral está lá, bem no seu íntimo, guiando-o em seu estágio humano de evolução, regendo-o e alimentando-o com sua essência natural.

Porém, não adianta tentar saber quem são os Orixás que o regem do Alto, de frente e juntó se o filho não estiver disposto a se dedicar a eles, **cultuá-los e reverenciá-los**. Se o íntimo estiver destruído, dificilmente os Orixás poderão atuar na vida dos filhos. **Religiosidade requer responsabilidade, compromisso, dedicação.** Requer entrega por parte do filho, com o **íntimo purificado**, segundo preceitos e rituais próprios.

Um dirigente espiritual responsável deverá orientar seus filhos de fé quanto aos preceitos e aos resguardos necessários para a confirmação de seus Orixás. Durante sete dias, ele não deve ingerir carnes nem bebidas alcoólicas, e não deve praticar sexo. É preciso dormir em esteira, com vela de sete dias firmada em sua cabeceira para o Orixá; evitar o uso de produtos industrializados e, também, de cigarro. Dormir na esteira, que é de uso pessoal, além de sinal de humildade e reverência, significa o isolamento da energia ao redor do médium. A esteira de palha, vegetal, representa proteção e ocultamento energético, pois funciona como uma espécie de filtro.

O sacerdote prepara o amaci do Orixá, aplica o primeiro no Templo e os seis demais serão aplicados pelo próprio médium, em casa, completando os sete dias de purificação íntima, e de sintonia e conexão com o Pai ou Mãe de cabeça. O filho de fé poderá trabalhar normalmente, usando durante o dia uma guia de proteção do Orixá e evitando locais de aglomeração.

É preciso querer mudar, desejar olhar para dentro de si mesmo, enxergar o que não está condizente com os Pais e as Mães, resolver os problemas íntimos e começar a grande transformação.

Nunca o plano em que nos encontramos esteve tão negativo. Certas esferas trevosas que sempre estiveram "lacradas" à nossa dimensão estão sendo abertas. Embora estejamos na matéria, nosso sexto plano, assim como o Umbral, caracteriza-se por estar entre as esferas inferiores e os planos celestiais, possuindo todas as contradições de algo que não se define de forma nítida.

"O céu e o inferno estão muito mais próximos um do outro do que pensa nossa vã imaginação, já que basta uma mudança de polo magnético para que deixemos de estar sintonizados com um e sintonizarmos o outro, que é seu oposto."[10]

Como autoconhecer-se em meio a essa densa e obscura névoa? Com seu livre-arbítrio, o ser humano facilmente pode perder-se, optando por sendas trevosas e comprometendo suas vidas futuras.

O autoconhecimento é muito difícil neste plano, reino da dualidade e ignorância, pois não sabemos de onde viemos, onde estamos e para onde vamos. Uma grande parte de seres vagueia sem rumo, como zumbis, desconhecendo por completo a Lei Maior. Ludibriados pelo ateísmo e pela total descrença, desesperados e sem destino, alguns acabam por tirar a própria vida, precipitando-se às esferas inferiores. Muitos são controlados por quiumbas poderosos que aqui estão a cooptar suas vítimas, monitorando-as por meio de cordões e arrebanhando-as às suas lides nefastas de trevosos.

Nesse oceano de incertezas, o conhecimento dos Orixás que nos amparam e orientam torna-se uma verdadeira tábua de salvação.

Os Orixás são luzes que brotam em nosso íntimo, que nos iluminam de dentro para fora. Essa luz que emana e resplandece no coração de cada um é a essência divina, o nosso verdadeiro mestre. Essa essência divina em nós deve ser exercitada e trabalhada, pois é ela que iluminará nosso caminho evolutivo, guiando nosso processo de transformação mental, material e espiritual.

10. Ver SARACENI, Rubens. *Gênese Divina de Umbanda Sagrada.* São Paulo: Madras Editora . 2014.

É só com um perseverante trabalho de mudança íntima, depurando nossa consciência, nossa emotividade, remodelando os pensamentos, as palavras e as atitudes diárias, que nos conectaremos cada vez mais com os Orixás e com o Divino Criador, e divinizaremos o nosso espírito.

O ser humano evolui consciencialmente, e o conhecimento e o contato com o Orixá Ancestral e com os Orixás da encarnação são importantes etapas para a ampliação dos nossos estados de consciência, na nossa jornada evolutiva. Mas não chegamos à essência de uma só vez. Nesse processo, a purificação com nossa Mãe Oroiná também é primordial.

Bibliografia

MARSICANO, Alberto; VIEIRA, Lurdes de Campos. *A Linha do Oriente na Umbanda.* São Paulo: Madras Editora, 2009.

_____; _____. *O Poder Terapêutico dos Orixás e a Filiação* Divina. São Paulo: Madras Editora, 2013.

MIRCEA, Eliade. *O Sagrado e o Profano*. São Paulo: Martins Fontes, 1999.

OXÓSSI, Flávio de. *Umbanda sem Medo e sem Preconceito.* São Paulo: Madras Editora, 2014.

RAMATIS. Psicografia de Norberto Peixoto. *A Missão da Umbanda.* Limeira: Editora do Conhecimento, 2006.

_____. Psicografia de Hercílio Maes. *Elucidações do Além.* Limeira: Editora do Conhecimento, 2005.

_____. Psicografia de Norberto Peixoto. *Vozes de Aruanda.* Limeira: Editora do Conhecimento, 2005.

_____. Psicografia de Norberto Peixoto. *Umbanda Pé no Chão.* Limeira: Editora do Conhecimento, 2008.

SARACENI, Rubens. *As Sete Linhas de Evolução e Ascensão do Espírito Humano.* São Paulo: Madras Editora, 2015.

_____. *A Evolução dos Espíritos*. São Paulo: Madras Editora, 2005.

_____. *As Sete Linhas de Umbanda: a Religião dos Mistérios.* São Paulo: Madras Editora, 2003.

_____. *Diálogo com um Executor.* São Paulo: Madras Editora, 1995.

_____. *Domínio dos Sentidos da Vida.* São Paulo: Madras Editora, 2010.
_____. *Fundamentos Doutrinários de Umbanda.* São Paulo: Madras Editora, 2012.
_____. *Formulário de Consagrações Umbandistas.* São Paulo: Madras Editora, 2005.
_____. *Gênese Divina de Umbanda Sagrada.* São Paulo: Madras Editora, 2005.
_____. *Oráculo de Delfos – O Ancestral Místico.* São Paulo: Madras Editora, 2005.
_____. *Lendas da Criação.* São Paulo: Madras Editora, 2005.
_____. *O Cavaleiro do Arco-Íris.* São Paulo: Madras Editora, 2009.
_____. *O Código de Umbanda.* São Paulo: Madras Editora, 2004.
_____. *O Guardião do Fogo Divino.* São Paulo: Madras Editora, 2005.
_____. *O Livro da Criação.* São Paulo: Madras Editora, 2014.
_____. *Orixás Ancestrais.* São Paulo: Madras Editora, 2001.
_____. *Os Arquétipos da Umbanda.* São Paulo: Madras Editora, 2007.
_____. *O Livro das Energias.* São Paulo: Madras Editora, 2010.
_____. *Orixás – Teogonia de Umbanda.* São Paulo: Madras Editora, 2002.
_____. *Rituais Umbandistas.* São Paulo: Madras Editora, 2007.
_____. *Tratado Geral de Umbanda.* São Paulo: Madras Editora, 2005.
_____. *Umbanda Sagrada.* São Paulo: Madras Editora, 2002.
VÁRIOS AUTORES. Jornal Nacional da Umbanda Sagrada. São Paulo, 2012 a 2014.

VIEIRA, Lurdes de Campos (coord.). *Manual Doutrinário, Ritualístico e Comportamental Umbandista.* São Paulo: Madras Editora, 2005.

_____. *Oxumaré – O Arco-Íris Sagrado.* São Paulo: Madras Editora, 2006.

_____. *Sermões de um Mestre Pena Branca.* São Paulo: Madras Editora, 2011. Psicografada.

_____. *A Umbanda e o Tao.* São Paulo: Madras Editora, 2014.

_____. *Os Guias Espirituais da Umbanda e Seus Atendimentos.* São Paulo: Madras Editora, 2015.

_____; EGÍDIO, Cris. *Rituais Familiares.* São Paulo: Madras Editora, 2018.